本书得到农业部财政专项课题“国家农业产业化重点龙头企业监测”课题资助

产业集群视角下
农业龙头企业技术效率研究

Study on Agricultural Leading Enterprises Technical Efficiency from the Perspective of Industry Cluster

王丽明 著

中国农业出版社
北 京

FOREWORD 前言

作为农业产业化的主要经营组织之一，农业龙头企业在促进农业经济发展、保障农产品有效供给等方面作用突出，为相关农业生产经营主体提供丰富多样的社会化服务；以国家级农业产业化重点龙头企业为主体的农业产业集群逐渐形成，且成为农业产业化发展的主要趋势。本专著以农业龙头企业为主要研究对象，构建农业龙头企业集群发展的理论框架，系统梳理农业龙头企业发展状况，分析农业产业集群对农业龙头企业技术效率的影响，旨在探索农业龙头企业优化资源配置的路径，为进一步提高农业龙头企业技术效率，促进农业和农村经济健康发展，提供政策启示。

本专著基于产业集群与技术效率相关理论，利用农业农村部农业产业化示范基地和农业产业化重点龙头企业数据，采用理论与实证分析相结合的研究方法，测度农业产业集群效率，比较和分析农业龙头企业的技术效率；在此基础上，就产业集群对农业龙头企业技术效率的影响进行分析。研究结果如下：

(1) 不同类型的农业产业集群效率差异明显。从时间趋势来看，农业产业集群的效率呈现增长趋势；从不同地区来看，东部农业产业集群的综合效率明显高于中部和西部地区；从不同的农业产业集群类型来看，企业带动型的农业产业集群综合效率、技术效率和规模效率最高；农业产业集群综合效率的差异主要来源于技术效率的差异，规模效率差异相对较小。

(2) 农业龙头企业技术效率相对较高，但存在地区、行业、产业集群类型之间的差异。具体来说，中部农业龙头企业技术效率高于东部和西部地区；粮食类龙头企业技术效率高于畜牧类和其他类型龙头企业技术效率；产业集群内的农业龙头企业技术效率高于产业集群外的农业龙头企业的技术效率；不同产业集群类型的粮食类龙头企业技术效率的差异并不明显，而不同产业集群类型的畜牧类龙头企业技术效率差异明显；农业龙头企业的技术效率从整体、分地区来看，均存在绝对β收敛和条件β收敛。

（3）产业集群对农业龙头企业技术效率水平的影响显著且为正，农业产业集群的形成提升了龙头企业技术效率。不同类型的产业集群对农业龙头企业技术效率的影响存在差异。从具体行业来说，产业集群对粮食类龙头企业技术效率的影响大于畜牧类龙头企业，园区载体型和产业依托型产业集群对粮食类和畜牧类龙头企业技术效率的影响均为正，但园区载体型产业集群对粮食类和畜牧类龙头企业技术效率的影响大于产业依托型产业集群。

（4）产业集群可以提升农业龙头企业技术效率，但农业龙头企业也应注重自身发展。企业规模、与农户的紧密程度均提高农业龙头企业技术效率，城镇化对农业龙头企业技术效率产生负向影响；其他因素如企业性质、企业是否上市等对农业龙头企业技术效率的影响存在差异。

基于上述研究，本专著提出如下建议：因地制宜发展农业产业集群；加大研发投入，形成公共研发和共享平台；充分利用城镇化发展的趋势；鼓励企业创新与农户之间的利益联结机制；应继续加大对农业产业集群和龙头企业财政和金融扶持等。

CONTENTS 目录

第一章 导论

1.1 研究背景及意义

中国农业生产从追求数量安全逐渐向重视产品品质转变。但农产品供给面临越来越多的约束条件：资源短缺、要素成本上升、结构不合理等。协调资源配置，提升资源之间的协调匹配度，以提高农业技术效率水平，是突破现实困境的有效路径。农业产业化将农业的产前、产中、产后联结起来，促进相关产业紧密协作。农业企业作为农产品优质产品的主要供给方，是农业产业化的关键节点，在延伸农业产业链、调整农业结构、促进农民增收和保障粮食安全等方面扮演着重要角色。农业产业化生产是在农业经营主体向产业链上下游延伸的过程中，参与其他经营主体分享价值增加的收益（冯开文，2012）。不同学者对农业产业化的定义、发展模式等认识不一致（张敏 等，2014），尽管农业产业化发展的主体中也同样存在其他类型，如农民合作社、家庭农场及种养大户等，但学者普遍认为农业产业化龙头企业（以下简称“农业龙头企业”）是联结农户与市场的核心主体。农业产业化模式主要有“公司＋农户”“公司＋市场＋农户”以及“公司＋合作社＋农户”等（万伦来 等，2010）。公司即龙头企业，农业龙头企业既联结市场，又联结农户，在推进“四化同步”发展进程中，发挥着越来越重要的作用。农业龙头企业集群发展形式多样，速度较快，形成了一批较大规模的农业示范基地，示范基地明显具有产业集群的特征（张敏 等，2015）。

截至 2015 年，我国有农业产业化组织 33 万个，其中，农业龙头企业 12 万多家，国家级农业龙头企业 1 245 家，省级农业龙头企业近万家。农业龙头企业在促进农业经济发展、保障农产品有效供给等方面作用突出，农业龙头企业也为相关农业生产经营主体提供多种类的社会化服务（秦富，2013）。农业龙头企业所提供农产品及加工制品占农产品市场供应量的 1/3，占主要城市菜篮子产品供给的 2/3 以上，有效保障了市场供应（陈晓华，2013）。

农业企业具有很强的关联性，在农业生产、加工、流通各领域起到联结作用，相对于传统农户，在资金、技术、市场信息、人才等方面具有优势。农业企业也是创新主体，农业企业的创新要素通过产业链传递到上、下端，有利于推动农业的转型升级。《国务院关于支持农业产业化龙头企业发展的意见》(国发〔2012〕10号)提出要引导龙头企业向优势产区集中，推动企业集群集聚。2017年中央1号文件提出依托农业龙头企业带动，聚集现代生产要素，建设“生产＋加工＋科技”的现代农业产业园。

越来越多的国家和地区推出促进相关产业集群集聚发展的重要举措，中国各地产业园区，高新技术开发区，经济开发区等成为各地推动传统产业转型升级的落脚点，以集群区域为平台，将企业引入一定地域范围内，重塑竞争格局，创造一种新的促进本地经济增长方式转变的平台。产业集群是农业产业化发展的新趋势，提高农业龙头企业生产效率，除了依靠企业增加投入或者扩大规模以外，还依赖于与周围外部环境的“协同作用”(Porter，1997)。随着农业产业化的进一步发展，农业龙头企业集群集聚发展，逐渐形成大量的农业产业集群，一些产业集群是以龙头企业为核心，围绕当地优势产业链，形成上下游协同发展的格局，依照产业集群的特点，2011年和2013年农业部评定了两批农业产业化示范基地，示范基地也是农业产业集群典型的表现形式。产业集群具有明显的外部效应，提高企业的生产力和创新能力，有利于新企业的诞生，并就此扩大产业规模(Porter，1998)。

农业产业集群可以视为农业龙头企业的重要外部环境，其对农业龙头企业生产效率所产生的作用不容忽视。规模经济理论表明，经济体的生产经营均存在最佳规模(Hoover，1937)，规模过大或小过均无法使经营状况达到最佳状态。中国不同地区之间经济发展水平、自然资源禀赋、人文环境均存在明显不同，农业产业集群①和农业龙头企业发展同样遵循经济客观规律。农业产业集群形成机制不同也会导致农业龙头企业技术效率存在差异；不同省份根据自身需要，依靠当地优势资源，自发或者由政府推动形成了农业产业集群，而这些农业产业集群经过一段时间的运行，与农业龙头企业经过相互的协调互动，是否对农业龙头企业生产效率产生影响，值得探讨，通过本研究以期为制定引导龙头企业集群集聚发展的相关政策提供依据。

改革开放以来，产业集群发展迅速，在促进经济增长、吸纳就业、带动增收等方面，产业集群作为中国区域经济发展的载体发挥着举足轻重的作用(徐攀，潘煜双，2016)。关于产业集群的研究很多，但将农业产业集群与企业的发展状况结合起来的研究很少。尽管诸多研究论证产业集群对企业技术效率具有显著的作用，但相关研究的结论之间还有较大差异，对于两者之间的关系并未得到一致的结论。同样地，伴随农业龙头企业规模扩大，数量增加，农业产

① 本研究所探讨的农业产业集群主要包括农业部公布的153家农业部农业产业化示范基地。

业集群程度也会更高。农业产业集群基于不同的特性具有不同的分类，基于不同的视角，学者对农业产业集群的类型进行了划分（尹成杰，2006；农业部产业化办公室，2013），不同的产业集群可能会对农业龙头企业技术效率产生不同的影响。

本书以产业集群度为切入点，验证产业集群水平对农业龙头企业技术效率的影响；从不同的产业集群类型，分析产业集群与农业龙头企业技术效率之间的关系；从行业、地区和企业规模等不同角度进一步研究农业龙头企业的技术效率具有何种特征，农业产业集群发展的运行效率如何，产业集群对农业龙头企业技术效率的影响如何。

1.2 文献综述

1.2.1 产业集群研究

Hall（1999）观察到高收入的国家聚集在北半球范围较小的工业核心区，人均生产率随着与核心区距离的扩大而稳定地降低。正如 Porter（1990）所指出的集群这种生产组织形式正在支配着当今世界的经济版图，无论是美国的“硅谷”、还是中国的“珠三角”和“长三角”沿海地区，产业集群都表现出了较强的竞争力和旺盛的生命力。从根本上说，产业集群实质上是要素集聚形成的（毛军，2006）。大量理论和实证研究已证实，经济活动在一定空间内集聚对生产率产生影响（Fujiita，Thisse，2002；沈正平 等，2004；卫龙宝，李静，2014）。陈旭等（2016）认为经济活动的不断集中，是现实经济发展过程中的一个重要特征。从制造业来看，产业集群主要体现为该地区非农产业的就业份额急剧提高和制造业地区的工资收入明显高于农业地区的农民收入（袁志刚，范剑勇，2003）。范剑勇（2008）使用基尼系数衡量地区差距，发现产业结构呈现第二产业产值份额偏高的失衡、非农产业向东部地区转移与集聚。范剑勇和谢强强（2010）在理论上给出产业集群的另一种机制——本地市场效应，并利用中国区域间投入产出表数据，发现产业集群的成长与地区间收入差距之间正相关。

学者对产业集群现象的存在有较为统一的认识，并从多个角度对产业集群的定义和特征进行总结（Porter，1998；Rosenfeld，1997；王缉慈，王敬甯，2007）；也有学者采用其他方式测度产业集群水平，例如 Ciccone 和 Hall（1993）认为人口或者就业密度人口或者城市规模，能更好地体现集聚水平。王永进和盛丹（2013）采用非农人口就业密度，即每平方千米非农人口的就业人数度量集聚水平。陆铭和冯皓（2014）认为城市规模差距是反映空间集聚程度的核心解释变量，更能反映经济意义上的差异。

1.2.2 农业产业集群研究

现有学者对农业产业集群的研究主要集中在以下三个方面：一是农业产业集群的形成机制研究，二是侧重于农业产业集群的作用，三是对农业产业集群分类的探讨。

（1）农业产业集群的形成机制研究。农业资源禀赋和地理位置是形成集群的重要原因（王栋，2009）。资源禀赋为产业外部环境的改善提供物质基础，产业内的竞合互动，促进要素间的协调分配，最终促成农业产业集群的形成。宋燕平和王艳荣（2009）提出基于技术进步的农业产业集群形成机制。依据集群内核心企业在产业链条的前后向关联，集群内的各参与主体形成完整产业链条的专业化市场。引入农业产业高新技术，凭借农业科技的扩散性和渗透性，提升生产效率，进而吸引农业企业、人才等要素聚集，形成农业产业集群。区位优势也是农业产业集群形成的一个重要原因，基于产业链上下游而形成加工、物流等专业市场，并带动金融、研发等配套产业集聚，以产业链条为纽带形成农业产业集群。内部和外部多种因素相互作用是农业产业集群形成和发展的原因。产业集群内部形成技术创新和传播氛围以及相关支持政策在集群成长中起关键作用。而阮建青等（2014）研究则认为地方政府在建设专业市场、提升质量、建设工业园区等公共产品提供上的差异，会导致不同的产业集群在长期演化过程中走向不同的命运。

（2）农业产业集群的作用。农业产业集群的形成和发展对区域经济增长有重要的作用，是提高农业区域竞争力的有效手段（郑风田，程郁，2005），农业产业集群的成长对集群内的农民增收有正向作用（王艳荣，刘业政，2012）。秦建军等（2010）基于农产品加工业的数据也证实了农业产业集群发展有利于当地经济的增长，但不同行业之间产业集群水平存在差异。从宏观角度来看，农业产业集聚度的提高促进了中国农业各部门的经济增长（贾兴梅，李平，2014）；卫龙宝和李静（2014）对茶产业集群和茶叶技术效率相关性进行分析，得出集群水平与茶叶技术效率存在正相关关系的结论，反映出农业产业集群的发展水平与技术效率改善之间具有相关性。吕超和周应恒（2011）运用1995—2008年蔬菜主产区蔬菜产业的面板数据进行研究，认为产业集群对区域蔬菜产业和当地农业经济增长产生显著的正向影响。王艳荣和刘业牧（2012）研究农业产业集群对农民收入的影响，贾兴梅和李平（2014）研究认为中国农业区位熵呈现波浪形上升趋势，且不同农作物之间的空间集聚变动存在明显差异。

（3）农业产业集群类型的划分。农业产业集群类型划分有两种视角：一种是基于产业集群形成的动因，另一种是主营业务的类别。尹成杰（2006）和农业部产业化办公室等（2015）基于农业产业集群形成的动因，对农业产业集群类型进行区分。

1.2.3 企业技术效率研究

技术效率对管理效率和生产效率的评价，不是单一考量收入或者产出（Wouterse，2010）。姚洋和章奇（2001）对中国工业企业技术效率进行分析，研究认为非国有企业比国有企业的技术效率更高，规模大的企业比中小企业的技术效率更高。傅晓霞和吴利学（2006）发现要素投入是中国经济增长的主要源泉，但从长期来看，全要素生产率是地区之间差异形成和扩大的主要原因，也是未来决定中国地区间增长差异的主要方面。赵世永和陈其广（2007）认为公有产权转移成私有产权制度改革有利于工业企业技术效率的改善，另外企业规模、市场环境和政府环境等因素对企业技术效率产生影响。

学者在对农业龙头企业经营状况评价时采用了多种方式。一是销售收入或者主营业务收入增长（刘克春 等，2011；贾伟，秦富，2013）；销售收入或主营业务收入指标可以直接反映企业的生产经营状况；贾伟和秦富（2013）以销售收入作为农业龙头企业生产经营状况的主要考核指标，对影响农业龙头企业销售收入的因素进行了比较分析。二是企业经营效率，此指标将企业的投入和产出数值进行处理，综合得出企业的规模效率、技术进步率等。不少学者采用实证方法对企业经营效率进行了验证（王茜，2008；吉生保 等，2012）。姜岩和周宏（2005）研究认为农业行业整体的增长和发展与农业企业生产率及效率状况存在正相关关系。三是企业的相关财务指标，例如净资产收益率、销售利润率等指标。彭熠等（2007）运用比较利益理论、外部性理论以及多元化经营理论，对农业上市公司非农化经营的成因和非农化经营对绩效的影响进行了分析，得出的结论是：非农化经营从整体上对农业上市公司经营绩效有负向影响。徐莉萍等（2006）认为股权集中度和企业经营效率之间有着正向线性关系。陈德萍和曾智海（2012）研究认为资本结构、成长能力、股权集中度、董事会兼任经理人和企业规模都对企业经营效率有显著影响。李平（2016）着重分析企业内部管理组织模式和企业经营效率之间的关系，研究认为提升生产经营管理能增加要素间协调性，能提高企业经营效率。

1.2.4 产业集群与企业技术效率

产业集群对企业生产效率具有正向的促进作用（Krugman，1991；Harrison，1992；范剑勇，2014）。学者主要从以下几个角度来分析产业集群对企业生产效率产生的影响：一是集群内企业围绕产业链的上下游形成协作关系，且企业之间的专业化分工更加细化，有利于每个企业提升自身的生产效率。二是产业集群内有共享平台。企业在产业集群内，形成诸如行政审批平台、研发投入平台、物流系统等公共服务，不仅使得企业能共享原料和劳动力市场，还节约了企业较多的间接费用，从而降低了企业的交易成本。三是企业在集群内享受专业化的劳动力市场，产业集群内的专业人才聚集，对于降低企业的搜寻成本有益处。四是产业集群内的知识溢出效应，有利于企业进行创新，节约研发成本。Baldwin 和 Forslid（2000）与 Faggio（2014）从知识溢出的角度对经济活动的集聚原因做了解释。

诸多学者分别从外部环境的角度，对龙头企业经营效率进行了分析，认为政治关系，财税政策等对企业经营效率提升有重要影响（林万龙，张莉琴，2004；赵曙明 等，2011）。杨峥萍（2004）认为产业集群作为一种特殊的产业组织形式，为企业与外部其他主体的合作提供机会，对于内部企业竞争力和绩效提升至关重要。

20 世纪 90 年代初，新经济地理学理论被提出（Krugman，1991；Fujita，2002），对产业集群与区域经济增长的关系有以下几类观点：一是针对产业集群对经济增长的影响，大多数研究认为产业集群对经济发展产生正向影响（Ciccone et al.，1996，2002；Geooert et al.，2008；罗能生 等，2009）；马歇尔（Marshall）将集群的外部性归结为三个方面：劳动力、投入共享和研发投入。Duranton 和 Puga（2004）将产业集聚的外部效应归纳为三方面内容：一是分享效应，包括公共物品、多样化协作和风险分散效应；二是匹配效应，匹配概率增加、匹配质量提高和信息不对称问题的缓解；三是学习效应，包括知识创造和传播。二是也有部分研究认为产业集群达到一定程度后，对经济发展并非产生正向影响，由于集群内拥塞效应的存在，使得集群对经济发展可能产生负向效应（Brulhart et al.，2007；Brulhart et al.，2008；张云飞，2014）。三是产业集群与经济发展互为内生关系（谢品 等，2013；谢雄军，何红渠，2014），孙楚仁和陈瑾（2017）认为企业生产率差异越大，产业各类型参与者越倾向于集聚。

诸多学者探讨了产业集群与农业发展的关系，如郑风田等（2005）认为通过产业链条上下的分工合作加强集群内外部的协作，对于改善农业产业集群在提升农业产业竞争力方面起到重要作用；王爱群和郭庆海（2008）认为农业龙头企业是与农户之间的关系较为密切的一类企业群体，若要提高其竞争力，需有稳定的、符合质量要求的农产品供应关系，则必须与农户形成稳固的利益联结关系；黄海平等（2010）以山东寿光蔬菜产业集群为例，从专业化分工的视角分析了产业集群的竞争优势。因集群经济的存在，使得生产要素供给数量增加，集群经济的外部性导致技术溢出，促进农业发展（吕超，周应恒，2011）。农副产品加工业集群水平与劳动生产率均呈现不断上升的趋势，集群水平与劳动生产率之间表现出高度的正相关关系，产业集群显现出较强的经济增长效应（徐晓丹，支大林，2011）。Henry 等（1996）与王艳荣和刘业政（2011）从增加农民就业和提高农民收入的角度，研究产业集群对农村经济的影响。

虽然学者对产业集群与龙头企业技术效率方面的理论研究较多，且普遍认为产业集群对企业的技术效率有改善的作用，但是对于产业集群的正向作用的实证分析却未得到较多的支持。李元旭和姚明晖（2013）对相关的主要文献进行梳理和总结，其中 Diez - Vial（2011），Audretsch 和 Dohse（2007），McCann 和 Folta（2011）等证实了产业集群对企业技术效率产生正向影响。产业集聚通过技术进步对经济增长及其质量产生重要影响（范剑勇 等，2014）。Baun 和 Mezias（1992）与 Pouder 和 St. John（1996）研究认为产业集群内过多的企业，对产业集群内企业的竞争程度带来坏的影响，进而产业集群对企业的技术效率产生负向影响，另外有一些研究结果显示产业集群与技术效率之间没有明显的相关关系。Ciccone 和 Hall（1996）对集群与产业成长关系的影响进行了研究；Carlton（1983）与 Rosenthal 和 Strange（2003）以企业数量的增长作为衡量产业成长的指标，研究发现产业集群与产业成长两者是正相关的。

另外有一些学者从其他角度研究了集群与经济活动的关系，陆铭和冯皓（2014）分析人口与经济活动集群有利于降低环境污染物质的排放强度。盛丹和王永进（2013）从产业集群与贷款的作用机制来分析，地理上的临近有助于降低企业与客户和中间供应商之间的监督成本以及信息不对称带来的负面影响。

1.2.5　产业集群对农业企业经营效率的影响研究

1. 关于农业龙头企业经营效率及技术效率的影响因素研究

（1）经营效率的影响因素。改善农业龙头企业经营的途径，不仅来源于增加投入要素，例如固定资产、劳动力投入、研发投入等，还受到外部环境因素的影响，例如财税政策及与农户的合作关系。学者们从多个方面分析了农业龙头企业经营效率的影响因素。①多元化经营与农业龙头企业绩效。刘克春等（2011）研究认为实施多元化、非农经营战略能改善农业龙头企业经营效率，具体来说，农业龙头企业将投资向非农行业倾斜的经营战略，比农业龙头企业仅从事农业的收益更多，这也从侧面反映出，农业行业的比较效益较低。②政策扶持、财税补贴等其他因素与龙头企业经营效率的关系。林万龙和张莉琴（2004）分析认为中国政府对农业龙头企业的扶持政策缺乏效率，现行的对农业龙头企业的扶持政策在操作上存在很大偏差，政府扶持政策并没有直接带来期待中的龙头企业相关产出的增加。李海燕和廖运凤（2012）采用杜邦财务法建立财税扶持政策，对龙头企业经营绩效的影响指标进行相关的统计描述和相关检验。研究结论：财税政策对农业龙头企业的实际经营绩效影响不显著，即扶持政策缺乏效率。③农业上市公司股权结构与经营绩效关系的实证研究。芮世春（2006）研究认为高度集中的股权结构，或者高度分散的股权结构，均不是国内农业上市公司理想的股权结构，相对集中、存在5个左右相对控股股东的股权结构对于企业提高技术效率可产生良好的效果。④农业龙头企业与农户的关系及其与企业经营效率的关系。陈灿和罗必良（2011）研究认为信任、互惠、互动强度因素促进了农户与企业合作满意度的提高。关系治理对合作绩效具有显著的正向影响。⑤另外还有学者从其他角度进行研究，从农业龙头企业与农户合作实践来看，签订了书面契约并不意味着合作关系就稳定了，也经常出现失灵与无效；农业龙头企业与农户之间具有明显的心理契约存在（杨慧，刘德军，2014）。

（2）农业龙头企业技术效率的测度。学者的研究结论普遍认为农业龙头企业技术效率较低，且基于类型和地区角度来看，农业龙头企业技术效率存在明显不同；但是从时间趋势上来看，农业龙头企业技术效率有所增加。孟令杰和丁竹（2005）基于农业上市公司[①]的数据证实，总体上我国农业上市公司效率较低，且公司之间技术效率差异显著，不同年份之间和不同行业部门之间企业的技术效率差异明显；吉生保等（2012）研究认为，受到规模效率不高的影响，农业企业的综合技术效率普遍偏低；从时间维度来看，技术水平变化是全要素生产率（TFP）变化的源泉，但是，由于规模效率呈现出下降的趋势，制约了企业经营效率的进一步提升。刘云芬等（2014）利用农业上市公司数据，通过DEA模型测算，发现农业上市公司整体经营效率下滑。利用江西省农业龙头企业调查数据，李道和和池泽新（2011）测算其技术效率发现，样本期内的技术效率差异显著且有下降趋势。黄敏等（2010）构建FBP模型，分别从功能、行为、绩效三个方面综合评价了农业龙头企业绩效，并对江西省宜春市的21家农业龙头企业进行了比较。池泽新和汪固华（2010）基于农户视角对农业龙头企业技术效率进行了衡量，结论证实：从横向上来看，基于农户视角的农业龙头企业效率普遍偏低，且潜在绩效也不明显；从纵向上看，基于农户视角的农业龙头企业效率有逐年提高的趋势。

2. 产业集群与企业技术效率的研究

国内研究两者之间关系的文献相对较少，且主要针对制造业，李元旭和姚明晖（2013）研究证实产业集群与上市公司的企业成长呈现倒U形的关系；赵祥（2009）研究认为不同类型的产业集群对企业技术的影响存在着差异，专

① 农业上市公司均为农业产业化龙头企业。

业化产业集群对装配制造业企业扩张有促进作用；而多元化产业集群对企业成长都没有正面的促进作用，在资源依赖型行业中甚至不利于企业成长。国内学者对农业产业集群与农业龙头企业技术效率的研究文献更少，且基于定性分析，研究结论认为中国农业产业集群发展处于起步阶段，农业产业集群为区域内的企业提供了各种外部资源，为企业提升综合竞争力，改善企业绩效提供了便利。农业产业集群对于企业的影响具有六大效应，即集聚效应、竞争效应、分工效应、协作效应、区域效应、品牌效应（尹成杰，2006）。

1.2.6　文献评述

关于农业领域的集群集聚发展研究还较少，尤其是对产业集群的主体“农业企业”的研究更少，而产业集群对农业企业的影响机制，产业集群与农业企业经营效率的关系，企业集群集聚发展是否有利于企业的成长，以园区或者其他形式形成的产业集群是否对改善企业经营效率有益处，如何采取相关措施或政策进一步提高企业技术效率，对农业龙头企业自身发展至关重要，这些问题需要进一步探讨。

现有研究文献对产业集群的研究，偏向于制造业（何枫 等，2015；董敏杰 等；2015），主要研究产业集群的测度、集群形成的动因、集群对经济发展和产业成长的关系、集群与区域差距的关系。农业产业集群是大量从事农产品原材料生产、农产品加工、物流企业以及相关产业在某一地理范围的高度集聚，形成了在一定空间范围内各利益主体之间竞争和合作关系。不少文献证实了农业产业集群在不同地区、不同产业部门之间存在差异，并分析农业产业集群程度差异所存在的原因，农业产业集群对部门经济增长均产生了重要作用。对农业产业集群集聚的测度多采用省份统计数据，但对各省份内部的农业产业集群的集聚差异却很少分析，农业部农业产业化示范基地与非示范基地集群效果暗示了两者在集群效果以及所产生的作用等方面存在差异①。

不少学者在研究过程中采用诸多指标，例如销售收入增加额或销售收入增长率，企业经营效率及其他相关的财务指标等，构建了计量分析模型，采用实证分析方法测度农业龙头企业生产效率，分析农业龙头企业效率的影响因素，得到了诸多有价值的结论和政策启示。然而，大多研究文献的研究对象为农业上市公司或者某一个省份农业龙头企业，而中国农业上市公司本身较少，其占国家级农业龙头企业的比重仅为9%，农业上市公司样本范围小，仅代表农业行业中规模最大的一类农业企业，并不能真实和具体地反映农业龙头企业的真实情况。基于农业企业大样本的分析并不多见，农业龙头企业受到资源禀赋、

① 农业部在评定农业部农业产业化示范基地时所依据的标准是农业产业集群的集群效果。

地理位置等差异的影响，各省份、各行业农业龙头企业发展差异相对较大，现有所得到的研究结论和政策建议的普适性不强。

对于产业集群与龙头企业生产率关系的探讨，不少学者仅从理论上证实且接受产业集群对企业生产效率或企业成长产生正向影响，但是实证研究并没有得到一致性的结论，仅就农业领域中某个产业或者农户生产效率进行了评估（孙炜琳 等，2014；高鸣，宋洪远，2014；Alvarez Antonio，Arias Carlos，2004）。在农业经济领域，更多的是对农户技术效率的研究，曹暕和孙顶强等（2005）采用随机前沿生产函数方法对奶牛养殖农户的技术效率以及影响因素进行了分析。赵青（2014）研究了内蒙古牧户的生产经营活动和技术效率的影响因素。

国内文献分析就产业集群对农业龙头企业技术效率的研究较少，且侧重于定性分析，实证分析相对较少，例如马述忠等（2015）从产业关联的视角研究中国开放型农业加工企业的技术效率及其影响因素。可能的原因在于相关数据较难获取，尤其是大范围的农业龙头企业数据，企业调研存在一定困难，农业产业集群对农业龙头企业生产效率产生怎样的影响值得探讨。

农业产业集群是农业产业化发展的方向，扶持农业产业化就是扶持农业龙头企业，扶持农业示范基地。不管是对农业产业集群还是企业而言，均存在最佳规模；农业龙头企业发展壮大有利于形成农业产业集群，产业集群催生了区域内的新的农业龙头企业的诞生，但农业产业集群是否对农业龙头企业技术效率产生影响呢？是否会提升农业龙头企业的技术效率呢？这是需要研究的主要问题，主要侧重于以下四个方面：一是测度农业产业集群的生产效率；二是测度农业龙头企业技术效率，并从不同角度分析农业龙头企业技术效率，进行收敛性分析；三是详细分析和探讨农业产业集群对农业龙头企业技术效率的影响；四是分析产业集群对粮食类和畜牧类龙头企业技术效率的影响。

1.3 研究目标与研究内容

本研究的总体目标是在分析农业龙头企业发展趋势及现状的基础上，探索分析产业集群视角下农业龙头企业技术效率的变动，总结和归纳农业龙头企业技术效率的变动趋势；就产业集群对农业龙头企业的作用机理进行分析，从实证角度考察产业集群对农业龙头企业技术效率产生怎样影响，以期从产业集群建立和维护角度出发，为进一步提高农业企业生产效率和技术效率提供相应依据。

具体目标如下：

（1）总结农业企业发展的历史演变及现状。梳理产业化发展历程中农业龙头企业发展历程和现状，以及农业企业集群集聚发展现状。

（2）分析中国农业龙头企业技术效率的变动趋势。从不同地区、时间维度、不同行业及不同规模的角度分析农业龙头企业技术效率的变化情况，并对不同地区农业龙头企业的技术效率进行收敛性分析。

（3）就产业集群对农业龙头企业技术效率的影响展开分析。比较农业产业集群内外的农业龙头企业技术效率是否存在差异，不同类型的农业产业集群是否对农业龙头企业技术效率的影响不同；农业产业集群是否对粮食类和畜牧类龙头企业技术效率的影响有差异。

（4）如何提升或改善农业龙头企业技术效率，提出相应的建议。

1.4　研究框架与技术路线

1.4.1　研究框架

第一章　导论

主要阐述本文的研究背景、研究目标与研究意义、研究内容、国内外文献综述、创新点和不足之处。

第二章　理论基础

阐述现有农业产业集群理论；运用相关的经济学理论及已有的研究文献详细阐述农业产业集群的内涵、类型和作用，阐述产业集群如何对农业龙头企业技术效率发挥作用，尤其是不同类型的产业集群对农业龙头企业技术效率影响的差异。

第三章　农业龙头企业发展现状、问题和挑战

农业龙头企业是农业产业化的主体，衔接农户与市场，承担着农产品加工、增值和销售的功能，是农业产业化发展的主要推动力。该章主要介绍农业产业化和农业龙头企业内涵；农业龙头企业的重要性和作用；中国农业龙头企业的发展现状；农业龙头企业发展存在的问题及面临的挑战。

第四章　农业产业集群效率测度及其影响因素分析

该章主要以农业部产业化示范基地数据为基础，采用 DEA - Tobit 模型就农业产业集群效率测度，分析和比较产业依托型、园区载体型、企业带动型和县域发展型四种农业产业集群的集群效率，并对影响农业产业集群效率的因素进行分析。

第五章　农业龙头企业技术效率的时空演变与地区收敛

该章主要利用随机前沿生产函数模型就 740 家农业龙头企业技术效率水平进行测度，从行业、地区、规模、不同产业集群类型等角度具体分析农业龙头企业的技术效率变化情况，针对农业龙头企业技术效率的地区收敛展开分析，为进一步探讨产业集群对农业龙头企业技术效率的影响分析做铺垫。

第六章　产业集群对农业龙头企业技术效率的影响

该章利用随机前沿生产函数一步回归法，使用2007—2013年740家农业龙头企业数据，就产业集群对农业龙头企业技术效率的影响展开分析。研究主要从两个角度，一是从总体样本角度来考察，产业集群对农业龙头企业技术效率的影响；二是分析不同类型的农业产业集群对农业龙头企业技术效率的影响。

第七章　产业集群对典型行业龙头企业技术效率的影响

粮食类和畜牧类龙头企业是农业龙头企业的重要组成部分，其数量占样本总量的69%，该章主要针对产业集群对粮食类和畜牧类龙头企业技术效率的影响进行分析，可以说是对第六章内容的进一步延伸。从总体样本和示范基地样本两个层面进行分析，并比较了产业依托型和园区载体型产业集群对粮食类和畜牧类龙头企业技术效率的影响差异。为了使得模型结果更加稳健，采用共同前沿生产函数模型验证产业集群对两者的影响。

第八章　研究结论与政策建议

研究结论主要包括以下几点：一是农业产业集群效率状况；二是中国不同地区、不同行业、不同规模的农业龙头企业技术效率差异；三是产业集群对农业龙头企业技术效率的影响，突出不同类型的农业产业集群类型对农业龙头企业技术效率差异的影响；四是根据实证研究的结论，对提高农业产业集群水平和农业龙头企业技术效率，提出相关的政策建议。

1.4.2　技术路线

本文主要采用理论分析与实证研究相结合的研究方法，就产业集群对农业龙头企业绩效影响的作用机制展开研究，根据本项研究的目标和已有研究基础，做了如下的研究安排：

第一，评述文献和提出本研究的切入点。收集和整理已有的国内外关于产业集群与技术效率、企业成长等研究文献，对现有研究文献整理分类，评述现有研究文献，提出研究切入点。

第二，测度农业产业集群水平。基于中国统计数据和农业产业集群数据相结合，对中国农业产业集群技术效率的变动趋势进行分析与讨论；比较不同类型农业产业集群的全要素生产率差异，并就其影响因素进行分析。

第三，对中国农业龙头企业技术效率进行测度分析。主要包括以下几个方面的内容：一是农业龙头企业发展状况，包括农业龙头企业的发展状况、存在的主要问题；二是对农业龙头企业技术效率进行测度，结合国家级农业龙头企业，分行业、分地区对农业龙头企业技术效率差异进行比较，并分析不同地区农业龙头企业技术效率收敛性。

第四，产业集群对农业龙头企业技术效率的影响分析。根据农业产业集群的分类，构建不同的实证模型，着重研究不同类型的产业集群对农业龙头企业技术效率的影响，对研究结果进行整理、分析和讨论。

第五，研究结论与政策建议。通过研究得到结论，如何采取相关措施提高农业产业集群和农业产业龙头企业技术效率，进一步促进农业龙头企业发展。

基于以上内容，形成了技术路线，见图1-1。

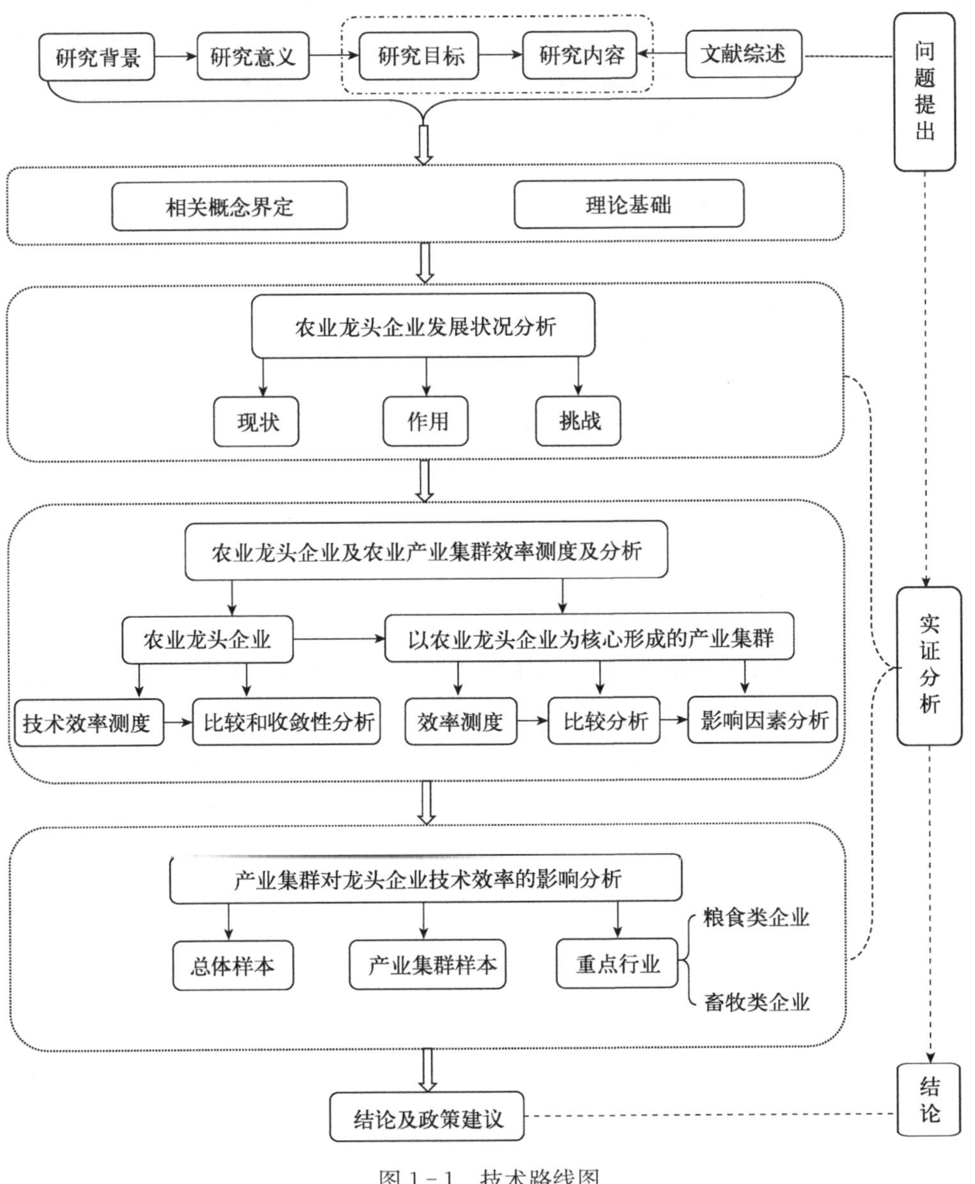

图1-1 技术路线图

1.5 研究创新与不足

本文研究存在可能的创新点：

（1）多角度归纳中国农业企业技术效率的变动趋势。使用2007—2013年740家农业部农业产业化重点龙头企业的数据，采用随机前沿生产函数模型从地区、行业、规模和示范基地内外和产业集群类型等方面分析了中国农业企业技术效率的变动趋势，并分析了技术效率的收敛性。与现有文献相比，大多采用某一省份、某一行业或者农业上市公司的数据，本文所得到的研究结论和政策建议更具有普遍性。

（2）研究视角的创新。就企业技术效率的影响因素来看，不少文献均突出企业自身的因素，如企业规模、带动能力、原材料供应能力、企业管理能力等其他因素，而很少考虑到企业所处的重要的外部环境——产业集群。从产业集群视角来系统地分析集群对农业龙头企业技术效率的影响，与现有文献仅从企业自身因素出发不同。

（3）本研究就产业集群对农业龙头企业技术效率的影响展开分析，对产业集群的衡量不仅仅是产业集群度这一指标，而且引入农业部产业化示范基地认定作为替代变量，分析和比较产业集群对农业龙头企业技术效率的影响，就不同类型的产业集群对农业龙头企业技术效率的影响展开详细的讨论。

本文可能存在的不足：

（1）农业龙头企业可能位于县域境内，但有些县域层面的数据查询不到，本文在产业集群度计算过程中，选择农业龙头企业所在地市的产业集群度表示，这可能会与县域数据有差异。

（2）本文所使用的数据主要来源于农业部农业产业化重点龙头企业的监测数据，笔者仅参与调研了几个产业集群，可能对我国产业集群总体的现状把握不足。

第二章 理论基础

在世界各地的区域经济发展中，产业集群以不同形式出现，且在促进区域经济发展，优化本地产业升级等方面发挥着重要作用。产业集群一直是理论研究的热点，然而以往对产业集群的研究大多数集中在高新技术、通信、工业等领域，基于农业行业特征的产业集群研究较少，虽然农业产业集群具有农业行业自身特性，但产业集群理论基本适用于对农业产业集群的分析和研究。产业集群形成的核心在于当地有主导产业或者有带动能力的大型企业，产业集群通过外部环境作用于集群内部企业。农业产业集群是内外部诸多因素综合作用形成的，也通过一系列创新、技术、交流等活动在集群内产业形成和成长过程中产生影响。

2.1 产业集群

2.1.1 产业集群定义

在众多产业集群概念中，Porter（1998）所提出的概念最具代表性，其指出产业集群是在某一产业，由具有共性和互补性而相互关联的企业和机构，在一定的地理范围内集聚，形成的产业空间组织。Rosenfled（1997）对产业集群定义较为宽泛，产业集群是相似和相关的企业为了经济上的便利在地理上的聚集行为，共同达到协调的效果。王缉慈等（2007）认为产业集群是同处或相关于一个特定产业领域，一组存在联系的公司和机构，在地理上相互靠近的现象。企业及相关支撑机构在空间内的集聚，并且相互之间在一定范围内密切联系。阮建青等（2014）从产业集群升级的角度分析，认为技术水平、品牌优势、研发水平等都是促进产业集群升级的重要因素。柳洲（2015）则从产业集群发展的外部环境具体分析了产业集群的特性（表 2－1）。

学者一般认为产业集群是在一定地域内，各利益主体围绕产业形成紧密联系的经济共同体，对产业集群内的每个成员个体来说，产业集群依靠高度分工，紧密协作关系运行，是产业竞争力和生产率变化的重要体现。关于产业集群的定义很多，从现有主流研究文献可以看出，产业集群至少具备三个特征：相同或者相关的企业在一定地理空间内的集聚；企业之间存在相互联系；技术上相互交流或者劳动力市场共享。

农业产业化示范基地是在当地农业资源优势基础上，由相似或相关产业的企业围绕核心农业龙头企业（一般指国家级农业产业化重点龙头企业）在一定的空间范围内集聚而成，且企业之间存在相互联系，并且具有技术上的交流或劳动力市场共享的特征，是农业产业集群的表现形式。

表 2-1　关于产业集群定义的代表性观点比较

学者	年代	主要观点比较
Rosenfeld	1997	产业集群是位置接近和有协同效应的企业在一定地理范围的集中
迈克尔·波特	1998	一个特定的产业领域，由于共性和互补性联系而有关联性的企业和机构，在一定的地理范围内聚集
王缉慈等	2007	地理上靠近的企业及相关支撑机构，同处或相关于一个特定的产业，在空间上集聚形成的组合
阮建青等	2014	产业集群升级，是通过提升研发水平、创建品牌、电子商务开拓等方式，从低端向高端演进的过程
魏江	2014	产业集群以产业特性和地理聚集为标准，所有成员企业和相关要素在地域上邻近且共同锁定在一个特定区位
柳洲	2015	通过借助互联网技术提升产业集群构成要素性能、优化内部结构与外部环境，通过建立“互联网＋”型产业集群，促进产业集群高端化发展

2.1.2　产业集群相关理论

最早的产业集群理论可以追溯到由冯·杜能提出的农业区位理论。冯·杜能（1826）从区位角度提出了农业生产布局与地租的关系，农业区位理论的核心是，农业土地利用类型和农业土地经营集约化程度；农业生产布局受到地租和运费的影响，集约化程度的高低与距离中心城市的近与远相对应。土地的自然特性是农业生产布局的主要因素，由于距离农产品市场远近而形成的地租差异也是农业生产布局的重要影响因素。

马歇尔（Marshall，1890）在《经济学原理》中，将一些产业在特定地理区域集聚的现象称为“产业区”，由此获得的经济为外部经济。马歇尔认为集群是基于外部经济形成的，一是具有专业且技能熟练的劳动力市场，促进了产业区内相关产业的发展；二是质优价廉的中间产品和服务市场，使得企业在本地购买原材料、劳动力要素和设备等方面具有便利性和明显的成本优势；三是产业区内技术和信息传播的便捷通道，利于知识量的增加和技术信息的传播。

马歇尔把原本看起来关联度不高的经济、社会、文化等方面粘合起来，描述成与企业息息相关和企业生存发展密切关联的外部氛围，并将这种综合环境描述为外部性，这是马歇尔对产业区理论的重要贡献。

阿尔弗雷德·韦伯（Weber，1909）从工厂区位选择的角度分析了集聚产生的原因，认为企业进行区位的选择是考虑地价和地租、厂房机器设备与其他固定资产成本以及原材料、劳动力成本、运输成本等综合因素的结果。佩鲁（Perrous，1955）提出了“增长极（Growth pole）”理论，认为经济增长是以不同强度出现在一个或者多个增长点，在区域内形成主导产业后，形成集聚经济的内在吸引力。Perrous 在增长极理论中引入了“领头企业”概念，“领头企业”可能是一个工厂或者是一组工厂的集合，当经济增长或创新活动增加时，能诱导其他经济单位增长和创新。

在新经济地理学的奠基性文献中，Krugman（1991）从运输成本角度通过构建包含垄断竞争、规模报酬递增的两区域模型对产业集群给出了解释，其中企业在降低运输成本和利用本地市场经济之间进行平衡。出于运输成本和区域便利性考虑，上下游企业在规模经济作用下趋向于集中分布（Krugman，1991）。由于在同一地区集聚易于加剧企业竞争，加之市场对劳动分工细化和服务专业化要求的不断提高，促使制造业企业将原本内置的中间服务环节外包给专业性更强的生产性服务企业，由此形成生产性服务业围绕制造业布局的多样化产业集群。

20 世纪 90 年代，美国哈佛大学迈克尔·波特（Michael Porter，1998）发现相关产业在地理上相对集中是国家产业竞争优势产生的重要原因，并将这种现象描述为产业集群，基于此提出了“钻石”模型，认为一个产业集群的构成关键要素包括以下几个方面：生产要素、机会、相关产业、需求条件、政府及企业战略和结构（图 2-1）。产业集群延续到产业链的后端或下游，并扩展

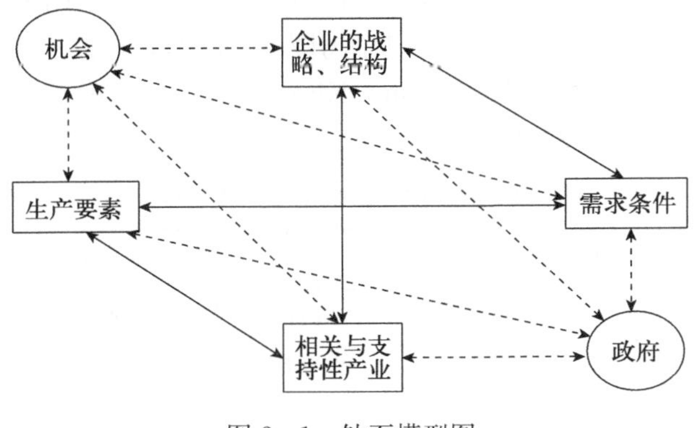

图 2-1 钻石模型图

到提供配套产品及相关服务的其他企业。产业集群的一个主要益处是集群中的相关主体可以共享技术、技能、知识、投入、制度等生产要素。Porter 对于产业集群的定义，重点强调一定地理范围中的产业与机构具有紧密联系。

产业集群理论经过产业区位理论、工业区位理论、增长极理论、波特产业集群理论，逐渐演变成为大量相关企业和机构在一定地域内集聚的现象。波特的竞争优势理论强调产业集群内部企业之间的竞争合作关系，在一定程度上弥补了产业区位理论和工业区位理论的不足。产业集群有利于发挥专业化服务的规模效应，降低企业生产成本和交易成本，促进企业向价值链高端转移，进而提升产业集群内企业的技术效率。

2.1.3 产业集群测度

产业集群的概念虽然较容易理解，但是如何客观度量产业集群水平是个难题。在衡量产业水平的指标方面，有很多方法，例如 Herfindahl 指数、区位 Gini 系数、EG 指数、K（L）函数，前两种主要是基于对从业人数比重的测度，后两种指数是基于对距离的空间测度。

一般来说，产业集群水平经常使用产业组织理论中市场集中度的概念，度量行业内规模排序前列的某几个企业在整个产业总产出的占比。产业集中度，是判断产业竞争性和垄断性的最常用指标，具体测量产业中产出排序前列的几个地区在整个行业总产出中的占比。另外有衡量产业集中程度的其他指标将生产者的比例纳入考虑范围，如 Herfindahl 指数、基尼系数、信息熵。已有的集聚指标仅测度了其中某一个方面，如 EG 指数（Ellison，Glaeser，1997），数值大小表示产业的地理集聚水平高低，未加入区域面积及行业之间的关联程度指标。Ciccone 和 Hall（1996）采用人口密度来测度经济集聚程度，该指标消除了地区面积不同导致的估计误差。经济过程不仅有固定的生产要素投入，且行业间通常存在一定程度相关性，生产过程中企业在使用中间投入品和原材料及市场方面可能存在交叉关系，进而引发行业之间更加密切的联系，基于此，龙小宁等（2015）在 Hausmann - Klinger 产品相近度矩阵基础上提出产业相近度来测算产业集群度（表 2 - 2）。

表 2 - 2 测度产业集群水平的代表性文献

学　者	发表年份	使用方法	研究内容
Ellison 和 Glaeser	1997	EG 指数	构建利润最大化区位模型，测度产业集聚度
Duranton 和 Puga	2000	赫芬达尔指数	作为多样化的测度对城市专业化和多样化优劣势分析
范剑勇	2004	产业集中度	地区专业化与产业集聚的趋势及地区差异

（续）

学　者	发表年份	使用方法	研究内容
贺灿飞等	2006	基尼系数	中国制造业产业地理集中度或者专业化程度
张卉等	2007	产业内集聚指数	中国产业内集聚与劳动生产率、经济增长的关系
李二玲等	2012	区位熵	中国农业产业地理集中度或者专业化程度
袁海红等	2014	DO 指数	利用北京企业微观数据对不同空间尺度细化行业集聚度的动态变化
龙小宁等	2015	产业相近度矩阵	产业集群对企业履约、融资环境的影响分析

区位熵（Location Quotient）又称为专门化率，是衡量产业集群度的重要方法，由哈盖特提出并在区位分析中使用（Haggett 和 Chorley，1969）。区位熵通常用于衡量某一区域要素的空间分布情况，反映某一区域要素的空间分布。根据公式计算得出区位熵数值，若值大于 1，说明该产业在本地区的集群程度比总体区域的集群程度高。具体如式（2－1）所示：

$$LQ_{ij}=\frac{E_{ij}/\sum_{i}E_{ij}}{\sum_{j}E_{ij}\sum_{i}\sum_{j}E_{ij}} \tag{2-1}$$

区位熵可以表示为：一个区域（农业产业集聚区）某种产业或产品生产在全国（全省）的产业或产品生产中所占的比重与该地区某项指标（产品、产业、人口等）占全国（全省）该项指标之比。因本章计算的是农业集聚度，详细数据难以获取，选取的指标是农业产值，式（2－1）中 LQ_{ij} 为 j 地区 i 行业的区位熵，E_{ij} 表示 j 地区 i 行业的产值，$\sum_{i}E_{ij}$ 是 j 地区的农业总产值，$\sum_{i}\sum_{j}E_{ij}$ 是地区总体农业总产值。该指标能够测度区域 j 的生产结构与地区总体的差异，借此可以评价该区域的产业集聚程度，LQ 值越大，表明区域 j 的行业 i 的集聚程度越高。

2.2　农业产业集群

2.2.1　农业产业集群定义

不少学者对农业产业集群进行探讨，郑风田（2005）认为农业产业区即是农业产业集群的表现，农业产业集群是围绕本地优势农产品，在区域分工的基础上，形成专业化、规模化、特色化的生产、加工、销售一体化的综合产业区。尹成杰（2006）认为农业产业集群是由农户、农产品流通企业、加工企业等，按照区域化布局、产业化经营、专业化生产的要求，建立起既相互独立又相互联系的关系，在地域和空间上形成的高度集聚的集合。陆萍和陈晓慧（2015）研究认为农业产业集群是一种农业有机群落，具有资源依赖、区域空间、产业集聚、组织合作、优势互补及连接网络性（表2-3）。不论哪种类型的农业产业集群，一般都依托各类龙头企业发展带动集群发展。

表2-3 农业产业集群定义的主要观点

学者	年份	主要观点
郑风田	2005	在一定地理范围依靠本地优势农产品，形成专业化、规模化、特色化的农产品生产、加工、销售一体化的综合产业区
尹成杰	2006	农户、流通企业、农产品加工企业等，按照区域化布局、产业化经营、专业化生产的要求，建立起相互独立又联系的关系，在地域和空间上形成的高度集聚的集合
农业部产业化办公室	2014	依托现代农业示范区，以农产品加工物流等园区为载体，围绕龙头企业，形成产业链功能完整，主导产业突出，规模效应明显，组织化程度较高的产业集聚区
陆萍和陈晓慧	2015	农业产业集群是一种农业有机群落，具有资源依赖、区域空间、产业集聚、组织合作、优势互补及连接网络性

可见，农业产业集群的形成具有一定的基础条件，一是当地具有产业基础；二是具有可以依托的核心企业；三是产业集群内的企业相互依赖；四是形成公共的服务平台，获得竞争优势，共同创造效益，能够带动整个产业发展。

2.2.2 农业产业集群类型

学者对农业产业集群类型的划分标准不同，但可以将农业产业集群形成原因归纳为两个方面，一是由于产业优势吸引相关主体加入而形成的产业集群，也就是说某产业资源禀赋优势在某地区凸显，例如云南斗南花卉产业集群或山东寿光蔬菜产业集群；二是由于企业集聚而形成的产业集群，例如农产品加工业集群、农产品流通企业集群等。集群形成的动因差异决定其对企业经营效率的作用机制不同，前者主要表现为农业产业集群为企业提供原材料，使其生产成本下降；后者则通过产业集群为区域内的企业提供公共的服务平台，企业之间协调效率更高，公共服务成本下降。

基于不同角度和标准可以将农业产业集群进行如下分类，尹成杰（2006）依据地区农业发展特点，将农业产业集群划分为种植业产业集群、养殖业产业集群、农产品加工产业集群、农产品流通产业集群、农业科技产业集群等5种形式的产业集群。王玉斌等（2012）将农业产业示范区的主要类型归纳为7类，即园区带动型、龙头企业带动型、优势产业依托型、批发市场带动型、依托项目型、政府主导型和基地推动型。而农业产业化示范基地与农业产业集群有明显的共同之处。

按照农业部产业化办公室对示范基地认定的基本要求，已经通过认定的示范基地均具有以下特征：以当地主导产业为基本，依托现代农业产业园，围绕农业龙头企业已经建成仓储、包装、营销、金融等相关配套产业，形成了主导产业突出、组织化程度较高、农民增收显著的产业聚集区。农业部产业化办公室（2013）按照带动原料基地情况、示范基地内龙头企业关联度及外部政策环境等方面的差异，归纳为以下 4 种类型：产业依托型、园区载体型、企业带动型、县域发展型农业部产业集群，具体区别特征见表 2－4。本文主要依据农业部产业化办公室划分的 4 种类型展开分析。

表 2－4　农业产业化示范基地不同类型的比较

类型	是否建有专门管委会	主导产业发展情况	企业间联系	商贸与物流	基地带动情况	公共服务情况	适宜发展条件
产业依托型	部分示范基地建有管委会，也有由市（县）级相关部门进行管理	有专一的优势特色主导产业，生产基地较为集中，原料资源丰富	同质企业竞争激烈，产业链条上下游企业合作广泛，竞合关系明显	建有优势产业专业批发商贸市场	对主导产业生产基地带动力强，带动关系稳定，生产基地集中且具规模	围绕优势产业集聚企业的共性需求，建有科研、质检、物流、品牌等公共服务平台	区位优势明显、生产规模较大、主导产业突出的特色农产品产区
园区载体型	基本都建有园区管委会	与当地资源和特色产业结合，覆盖产业多样	产业链条多元化，一二三产业协调发展，企业间呈现相辅相成的专业化分工协作关系	既有小型专业批发市场，也有综合农贸批发市场	覆盖的产业多样，带动各类种养生产基地和多种新型经营主体发展	主要在入园企业行政审批、基地基础设施建设、制定园区企业发展优惠政策方面提供公共服务	已有农产品加工园区或现代农业示范区，且龙头企业集聚已有一定基础的地区
企业带动型	大多由县（市）主管部门兼管，一般无专门管委会	以大型企业原料为主导产业	大型龙头企业起主导作用，与示范基地内中小企业在主业上存在竞争，在副业上有合作	依托大型企业建有围绕其服务的商贸物流体系	大型企业引进优良品种技术自建示范基地辐射带动周边基地，并通过自建或参股农民合作社带动农户	政府围绕大企业需求提供软硬环境优化，及为大企业争取政策扶持等服务	商品化程度较高的粮棉油等大宗农产品主要产区，拥有生产加工能力较强、品牌知名度高的龙头企业

（续）

类型	是否建有专门管委会	主导产业发展情况	企业间联系	商贸与物流	基地带动情况	公共服务情况	适宜发展条件
县域发展型	由县（市）政府兼管，无专门管委会	以县域农业规划发展的产业为主，无突出主导产业	个别企业有合作关系，但企业分布较散，整体联系不紧密	有综合农贸批发市场，示范基地物流业主要为整个县域经济服务，对农业企业没有专属物流服务	示范基地内的龙头企业依据自身发展需求分别带动周边农户生产，基地较分散	结合县域经济发展提供的服务，针对性不强	县域产业化整体水平较强、新型经营主体较多、当地领导高度重视的地区

资料来源：农业部产业化办公室、中国农业科学院农业经济与发展研究所组编，《农业产业化探索与实践》，中国农业出版社，2015.1。

2.3 产业集群效应

2.3.1 正效应

Marshall将产业集聚的优势归纳为接近产品消费市场、劳动力蓄水池及技术信息交流的便捷通道。技术信息是空间上相对集中，地理相近带来劳动力市场和产品市场的便利，这些都是产业在一定区域内集中带来的，可以认为是产业集群带来的正效应。

1. 节约交易成本，提高技术效率

产业集群内企业之间关联性较强，大部分交易在集群内进行，有利于节约企业的交易成本，提高交易效率。①集群内部的各主体之间，信息传播顺畅，降低集群内搜寻信息成本和履约的执行成本，有利于增加有效交流，减少了信息不对称（Long，Zhang，2012），集群内企业之间提供商业融资的可能性更大。②降低运输成本。运输成本是交易费用的一个重要组成部分。与远距离的交易相比，在较小地域范围内的企业与企业、企业与农户之间的运输成本更低。地理位置临近可节约企业的运输、保鲜和库存等成本，这是由于多数生鲜农产品有不耐储存、不耐运输的特点，且部分产品也有存储、运输费用高等原因导致。③良性互动。集群内各主体之间通过协作关系匹配，形成良好的交易关系，利于交易效率的提高，从而使得本地企业之间的互动更加紧密。

2. 规模效应

产业集群的规模效应包括企业自身的规模经济以及产业集群的外部规模经

济。企业自身规模经济指厂商的平均成本随着产出的增加而下降，企业规模经济形成的原因是产业集群内每个企业承担产业链中某一环节的活动，形成了专业分工协作关系，改善了企业生产效率。产业集群外部规模经济，指各企业由于地理位置的便利，通过合作或联盟进行生产、销售等活动，进而提升了产业集群整体的生产效率。信息的迅速传播加快了产业集群竞争和合作的过程，促进知识的流动和溢出从而使相关产业的企业、工人、技术人员更加专业化，提升整个产业集群的技术水平和创新能力，实现资源的更优配置，从而推动整个产业集群发展。

3. 协作效应

产业集群中各主体之间，协作关系较为稳定，有利于减少谈判环节，企业之间的监督成本随之降低。协作效应通过两个方式来体现：一方面，利用集群内的资源、技术、品牌等要素进行优势互补，借助与集群企业的合作，有益于提升产业关联度，增加协作互动，提高资源配置和使用效率，提升产品竞争力。另一方面，通过企业间以及与集群内其他主体的相互作用，相互传递信息和技术，形成区域创新协同系统。

4. 社会效应

产业集群的社会效应体现在以下几个方面：第一，产业集群自身优势吸引与产业相关联的资金、人才等各种资源进驻，带动上下游产业发展，创造更多就业机会，促进产业集群的成长。第二，提升区域核心竞争力，产业集群内的企业与相关产业形成的紧密联系，利于释放创新活动的示范效应，有利于新技术和新知识的传播和交流，提升区域竞争力。第三，提升品牌影响力，产业集群形成以后，产业链条得到延伸，有利于加强企业之间在技术、物流、市场开发等方面的合作，形成规模效应和品牌效应，为提升区域的品牌形象提供便利条件。

2.3.2　负效应

1. 规模效应下降

由规模经济理论得知，对单个企业来说，最佳规模不要过大也不要过小，同样产业集群存在最佳规模，产业集群内企业过少，则达不到集群效率的最佳状态，但是如果集群内的企业过多，就会产生市场等资源的争夺，会加剧企业间的竞争，从而降低集聚区的整体收益。

2. 协同作用弱化

信息在产业集群中传播往往存在不对称性，可能造成不同经济主体之间的利益失衡。产业集群加快了信息的交流，为信息和技术传递提供了便捷路径，提高了效率，但是同时也可能造成各种主体之间掌握信息和技术水平的差距扩大。在产业集群演化过程中，未能形成持续的良性协同关系，内部企业重竞争轻合作。产业集群中存在另一个不利现象是：集群内某个企业掌握一项新技术，可能很快被其他相似企业模仿，接着伴随着激烈的恶性竞争。这是由于集群内部知识与技能的高度外溢性和创新的高风险性引发的现象。

3. 创新能力弱化

产业集群是在信任基础上建立的网络组织，逐步形成程序化的协同模式，企业对集群产生较强的依赖性，当市场发生变化时，很难及时调整，应对风险的能力减弱，使企业的创新积极性减弱，妨碍企业升级。随着时间推移，整个集群获取外部知识、技能的能力和应对外部环境变化的能力不断减弱，而导致产业集群结构僵化。恶性竞争容易挫伤企业在创新投入方面的积极性，使产业集群企业的创新投入不断减少，结构僵化、缺乏活力。

产业集群中，创新活动在矛盾中前行，包括新技术对老技术的替代，基于旧技术建立起来的生产方式，或者原有的劳动力素质不适宜新的生产模式而产生的矛盾。

2.4 技术效率

2.4.1 生产前沿面

微观经济理论中，企业的技术情况通常采用生产可能集和生产前沿面来描述。生产可能集是已定的技术水平下投入产出的所有可能组合，生产前沿面是投入一定下的产出最大值或产出一定下的投入最小值的组合，即给定投入要素的条件下厂商所能达到的最优产出。

生产函数描述了企业使用一定投入要素进行利润最大化的生产行为。表明生产在给定的生产要素数量和价格条件下，要素选择的最优组合。前沿生产函数是在一定技术条件和生产要素的组合下，企业投入要素组合与最大产出量之间的函数关系，如图 2-2 中的曲线 F。而最优状态在实际生产过程中很难达到，因此，在生产函数测算中，直接使用实际产出和投入值进行计算，得出的生产函数能反映平均意义上的投入产出关系和技术水平。图 2-2 中曲线 F 代表前沿生产函数，曲线 $y=f(x)$ 代表均值生产函数，样本的产量值位于曲线 F 的内侧，在 $y=f(x)$ 的两侧。

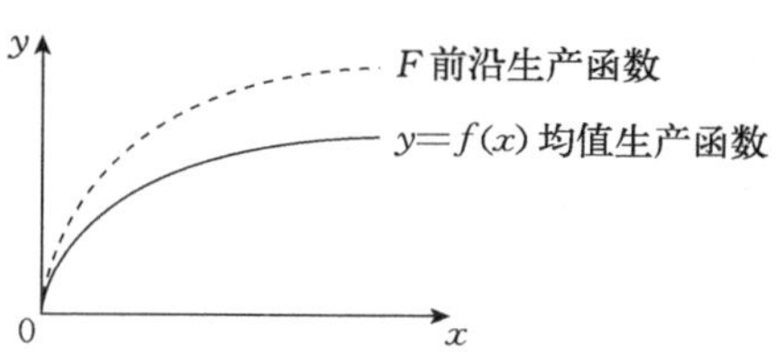

图 2-2 均值生产函数和前沿生产函数

技术效率是在生产技术水平不变的条件下，按照一定要素投入组合组织生产，企业的实际产出与生产前沿上该投入的最大产出量之比。技术效率值在

[0，1]，企业产出达到了所能够达到的最大产量，用 1 来表示。具体如图 2－3 所示，横轴和纵轴分别代表单位劳动消耗和资金投入量，CC' 为单位等成本曲线，OP 是企业规模报酬不变条件下的规模扩张线，UU' 线是线性规划构造的前沿面，此前沿面由企业的较低投入组合所确定，由该企业样本点与 UU' 的相对位置可以估算出企业的技术效率和配置效率。

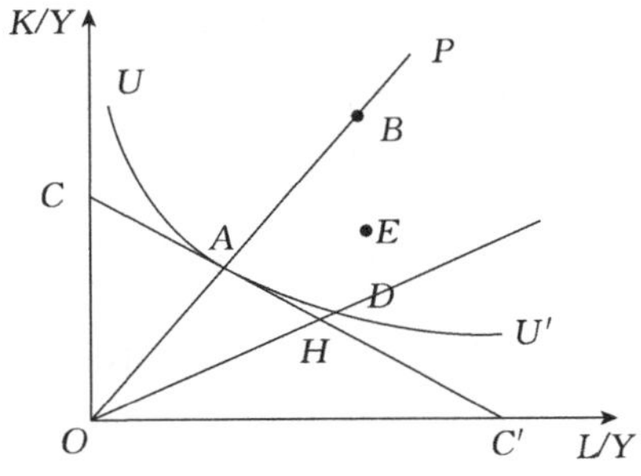

图 2－3　Farrell 企业效率模型

若企业位置处于 A 点，即落点在成本线、规模扩张线和前沿面的交点上，则该企业的技术效率和配置效率有效，效率值均为 1。若样本企业位于 B 点，落点规模扩张线 OP 上，而不在前沿面上，则该企业配置效率有效，但技术非有效。总体来看，落点在前沿面上的企业，其技术效率为 1，生产相对有效；落在生产前沿面之外的企业其技术效率小于 1。

2.4.2　技术效率度量

效率测度以生产函数理论为基础，是劳动、资本等投入要素综合而得的指标。现代经济效率测算方法始于 Farrell（1957），其在 Debreu（1951）和 Koopmans（1951）研究基础上，将生产前沿面与技术效率联系起来。生产效率由技术效率（Technical Efficiency，简写为 TE）和配置效率（Allocation Efficiency，简写为 AE）组成。

从投入角度来分析技术效率，假设规模报酬不变的条件下，企业只有一个产出，两个投入要素，如图 2－4 所示，CC' 是等成本曲线，PP' 是优等产量线，则与 PP' 相对应的函数即前沿生产函数。A_1，A_2，A_3 表示不同的生产单元。A_1 表示生产单元技术非效率，由 A_1A_2/OA_1 计算得出，这一指标反映技术无效率的具体程度。技术效率用 OA_2/OA_1 比率来测定，即有 $TE=OA_2/OA_1=1-A_1A_2/OA_1$，技术效率（$TE$）的取值在 0 到 1 之间，反映出该企业技术无效率的具体程度。

若企业样本点为 B，生产效率由 OB/OA_1 来表示，BA_1 的距离即代表该企业要达到技术效率和配置效率同时有效时，可以节省的投入成本。由此可知，生产效率$=OB/OA_1=(OA_2/OA_1)\times(OB/OA_2)$（图 2－4）。

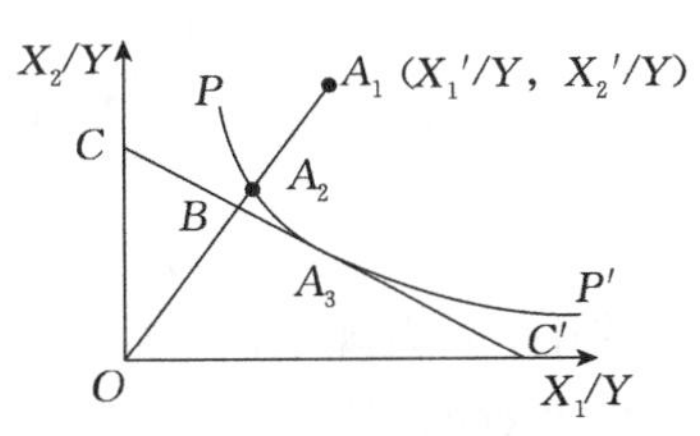

图 2－4　投入角度的技术效率

通过投入角度测算技术效率，可以得出其他条件不变的条件下，一个企业要保持原有产量可以减少的投入量是多少。对于技术效率较低的企业，可以找到制约其技术效率改善的途径，不是借助于增加更多的要素投入，而是通过挖掘企业内部的潜力提高技术效率。

2.4.3 SFA 和 DEA 方法

根据确定前沿面的方法不同，测算技术效率的方法分为两种，参数方法和非参数方法。参数方法以随机前沿分析（SFA）代表，非参数方法以数据包络分析（DEA）为代表。参数法依赖于函数的设定形式，例如 C－D 生产函数、CES 生产函数、Translog 生产函数等，具体函数形式根据研究需要设定。非参数前沿模型无须设定函数的具体形式，以数学规划方法为主，获得生产前沿面。

1. 数据包络分析方法

数据包络分析（Data Envelopment Analysis）简称 DEA，是由 Charnes 等（1976）和 Caves（1982）借助数学规划方法，将规划求解与经济学中投入产出结合起来，构建包络全部生产决策单元的前沿面，得到生产前沿面和技术效率，比较和观察对象之间的效率的相对差异的分析方法。在 DEA 方法中，最佳前沿观测值为在给定技术水平和要素投入量的条件下，没有其他决策单元能够具有同样或更多的产出，或是只需要同样或更少的投入，此时测算得出总效率值为 1，每个决策单元与边界的相对距离便为该生产点的效率。

DEA 方法有多种模型，在实际中应用最广泛的是 Charnes 等（1978）提出的 CCR（不变规模报酬）模型以及 Farrell 和 Banker 等（1984）对研究假设进行调整得到的 BCC 模型（可变规模报酬）。

CCR 模型的数学原理如下：

设有 n 个决策单元（DMU），其评价指标体系有 m 个输入指标和 s 个输出指标，$\boldsymbol{X}$、$\boldsymbol{Y}$ 表示各企业的投入向量 $\boldsymbol{X}_j=(x_{1j}, x_{2j}, \cdots, x_{mj})$ 和产出向量 $\boldsymbol{Y}_j=(y_{1j}, y_{2j}, \cdots, y_{sj})$。

投入导向下用于评价 DMU 总体效率和技术效率的 CCR 模型如下：

$$\min_{\theta,\lambda}\quad[\theta-\varepsilon(\hat{e}^T s^- + e^T s^+)]$$

$$\text{s. t.}\begin{cases}\lambda_j \boldsymbol{X}_j + s^- = \theta \boldsymbol{X}_{j0} \\ \sum_{j=1}^{n}\lambda_j \boldsymbol{Y}_i - s^+ = \boldsymbol{Y}_{j0} \\ \lambda_j \geqslant 0, j=1,2,\cdots,n; s^- \geqslant 0; s^+ \geqslant 0\end{cases} \tag{2-2}$$

式中，θ 为规划值，λ_j（$j=1, \cdots, n$）为决策变量，s^+ 和 s^- 均为松弛变量。借助对偶规划来评价 DMU 有效性，其标准如下：

若 $\theta=1$，s^+ 和 s^- 均为 0，则 j 为有效单元，表明 DMU 在生产经营活动

中，其投入指标获得最优产出。若 $\theta=1$，存在 s^+ 或 s^- 为非零，则表明这个 DMU 存在技术效率无效或规模效率无效。若 $\theta<1$，则此 DMU 技术效率和规模效率均无效。

在对决策单元进行纯技术和规模效率评价时，相应的投入导向的 BCC 模型和 CCR 模型相似（严高剑，马添翼，2005）。相对其他分析方法而言，DEA 方法的主要优点包括以下几个方面：一是不用设定具体函数形式，可以避免因函数形式设定不当而产生的错误；二是不受量纲的影响，不必提供要素的价值资料；三是适用于多投入、多产出的生产系统。DEA 是一种非参数估计方法，还可以解决技术中性、技术非有效等问题，相比其他方法，DEA 在环境测算及管理效率的评价方面有较多的拓展应用。

2. 随机前沿生产函数

随机前沿分析由 Aigner 等（1977），Meeusen 和 Broeck（1977）提出，经过 Battese，Coelli（1992，1995）等不断完善，在确定性生产函数的基础上提出了具有复合扰动项的随机边界模型。随机前沿生产函数（Stochastic Frontier Production Function，简化为 SFA），将随机误差项引入生产函数，既能直接测算技术效率，还能分析外生变量对技术效率损失的影响。

根据 Kumbhakar 和 Lovell（2000）的总结及相关经验研究，随机前沿生产函数的一般形式可以表示如下：

$$y_{it}=f\ (X_{it}\ ,\ \beta)\ \exp\ (v_{it}-u_{it}) \qquad (2-3)$$

式中，y_{it} 为时间 t 第 i 企业的产出；X_{it} 为时间 t 第 i 企业投入变量，代表投入要素的组合及其他相关因素；t 为前沿技术进步趋势，$f\ (x)$ 是前沿生产函数，表示经济中最优生产技术，β 为待估计参数。采用 SFA 的方法计算前沿面，其核心思想是把残差分解为两个部分，且 u_{it} 与 v_{it} 相互独立，一是 v_{it} 为随机误差项，服从 $N\ (0,\ \sigma_v^2)$ 的正态随机分布，反映因随机误差存在导致实际产出与前沿产出的距离，是一些不可控因素；u_{it} 为技术效率损失项，是服从 $N\ (0,\ \sigma_u^2)$ 分布的半正态随机变量，其值为非负，反映由于技术不合理、技术利用不充分而导致实际产出与前沿产出之间的距离，表示可控因素对技术效率的影响，可以用来计算技术效率：

$$TE=\exp\ (-u_{it}) \qquad (2-4)$$

u_{it} 为非负的含义是前沿面，随着生产单位的不同改变。前沿面有随机扰动项，u_{it} 的存在把随机前沿生产函数与确定型前沿生产函数区分开来，参数型随机前沿生产函数体现了样本的统计特性，也反映了样本计算的真实性，此模型更为接近现实中的生产行为。

上述模型采用最大似然法估计，构造的函数如下：

$$\gamma=\frac{\sigma_u^2}{\sigma_u^2+\sigma_v^2} \tag{2-5}$$

若计算得出 γ 的值靠近 0，则技术非效率 u_{it} 接近于 0，随机前沿估计无效，最小二乘法估计更适合。若计算得出 γ 的值靠近 1，表示技术非效率 u_{it} 接近于混合误差 ε_{it}，模型采用随机前沿估计更合适。

2.5 产业集群与农业龙头企业技术效率

2.5.1 产业集群与农业龙头企业的相关关系

产业集群内的企业，通过获取集群的创新知识和信息、劳动力以及其他专门服务等方式，与集群内其他各主体形成协同关系，改善经营效率，进而产生区域竞争优势（魏守华，石碧华，2002）；集群内的企业通过获取并学习创新知识和信息提高经营效率（刘荷，王健，2016）；陆立军（2011）认为在促进产业集群的发展中，政府充分发挥引导、调控和服务职能，可以为集群发展增强外部推动因素，市场在微观经济主体效率的提升方面，具有优化资源配置的基础性作用。农业产业作为一种典型的劳动力密集型的行业，较适宜多种规模大小企业围绕核心企业形成空间上的集聚发展格局，进而演化成专业化和多样化的集群，而集群形成有利于信息和新技术在行业间传递、加强企业与企业之间的联系，为各类企业改善技术效率、提升技术水平提供便利的外部环境。

2.5.2 产业集群对农业龙头企业技术效率的影响机制

技术效率的改善主要来源于企业内部的要素禀赋，要素禀赋配置越有效，企业技术效率水平越高，反之则越低。要素禀赋主要包括企业所拥有的资产、劳动力、研发投入及其他投入。产业集群作为企业重要的外部环境，能够为企业资源或生产要素的获得提供便利性，进而改善企业技术效率。产业集群内部的各企业及其他个体形成复杂的关系网络，通过正式和非正式的网络学习均能提升集群内企业技术效率。从理论上来看，产业集群使得与企业具有上下游关系的企业、个体之间，能够形成高质量的中间投入品市场，共享研发设施平台、劳动力资源、知识技术外溢，以及企业竞争所带来的效应，因而能够提高产业集群内部的企业技术效率。

（1）研发设施共享。产品质量提升离不开技术创新和高素质的人力资源，由于某些教育与科研设施需要达到一定的最小需求规模，因此，只有在产业合理集聚的地点才有可能装备起一流的教育与科研设施，为集聚企业提供研发活动和人员培训服务，进而提升企业技术效率。

（2）便捷的原材料供应。企业所需要的原材料包括两个部分，一是来自于生产基地的原材料，这些原材料通过农业产业集群内的农户、合作社及家庭农场等其他经营主体提供；二是高质量中间投入品的共享。产业集群易于形成规模化的市场需求，从而有利于形成高质量的中间投入品市场，中间投入品的获得主要通过上游企业或供应商提供。

（3）劳动力的共享。企业所需要的劳动力主要包含两个方面，一是企业所雇佣的劳动力，这部分劳动力主要指直接在生产一线的工人；二是企业拥有的研发人员，即高质量的劳动力。人口和产业集群集聚有助于熟练劳动力市场的形成，有助于企业雇佣到各种熟练工人、技术人员，增强企业产品质量升级能力。劳动力集中促进劳动力彼此之间竞争，进而改善技能、提高工作努力程度，这有助于企业在生产中改善产品质量。

（4）技术外溢效应。技术是企业生产的主要动力，一定程度上是具有地域性的。产业集聚不仅有利于重大的、前沿技术的学习，还有利于各种技能的获取以及缓慢的日常知识的创造、扩散与积累。技术外溢的重要机制是产业集群内各企业劳动力之间的交流。低技能劳动力与具有更高知识和技能的劳动力接近，有利于技能的获取以及知识的交换与扩散。

假设产业集群内有农业龙头企业 A 和 B，外部大框表示农业产业集群，农业产业集群的存在为农业龙头企业 A 和 B 提供了充裕的劳动力和其他相关资源；农业龙头企业 A 和 B 的上游和下游企业分别为 A_1、A_2 和 B_1、B_2，假设农业龙头企业 A 和 B 之间采用同样的原材料进行生产，最终产品之间差异明显，以实线表示较强信息传递，以虚线表示稍弱信息传递，如图 2－5 所示。若有企业引入新的信息或者技术，信息和技术在此种复杂的社会和经济联系中传导流通，并在此过程中将若干个企业连接，这种连接网络使得产业集群内的不同企业进行技术创新和信息交流，彼此均获取更多关联信息，促进整个产业集群的技术水平和创新能力提升，进而推动企业技术效率改善。当然，单个企

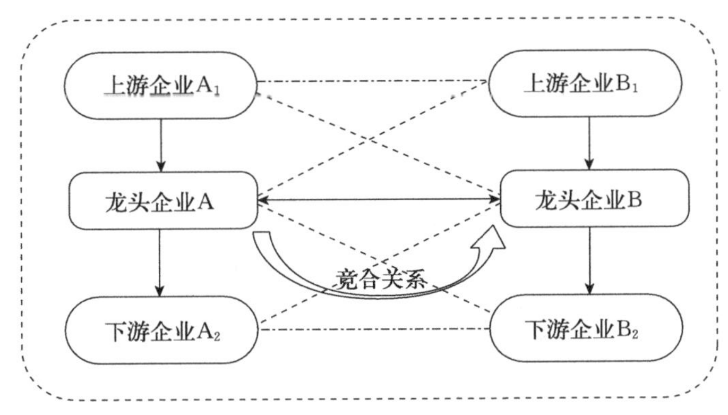

图 2－5 产业集群内部分企业之间的影响机制

业所面临的生产经营环境是其周围大量企业集聚相互作用而产生的综合结果，该企业对这一外部性所能够接收和利用的技术效率改善，则取决于该企业自身特征以及与之联系较为紧密的企业能力及特征。

2.6 小结

本章首先介绍产业集群的相关理论及产业集群水平的测度方法；其次结合对现有农业产业集群的研究，介绍什么是农业产业集群，强调本文所研究的产业集群是以核心企业为主体带动行业发展而形成的产业集群；第三介绍研究农业龙头企业技术效率的理论和方法；最后介绍产业集群对企业技术效率的作用机制。

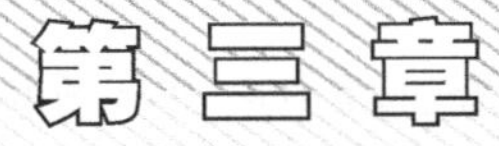

第三章 农业龙头企业发展现状、问题和挑战[①]

自20世纪80年代农村改革开放以来，家庭承包经营责任制焕发农村经济活力，随着农业生产发展，小而分散的生产方式与市场化需求的矛盾开始显现，制约了中国农村与农业经济发展。20世纪90年代初期，农业产业化被提出并在实践中得到广泛应用，实现了小农户与大市场的有效对接，缓解了小生产与大市场的矛盾。农业产业化发展呈现出不同的发展阶段，其在各个阶段均具有不同特征，农业产业发展模式不断改变，但农业龙头企业一直是连接生产和市场的载体，农业龙头企业一端与农户联结，另一端与市场联结，承担着农产品供需市场桥梁的责任。农业产业化发展已由单一龙头企业发展逐步向企业集群集聚发展，建立公共服务平台、协同发展，带动企业集群发展转变。农业龙头企业在带动农民增收、促进农业结构调整以及推动农业产业转型升级及农村经济建设方面发挥着重要作用。

3.1 农业产业化内涵

3.1.1 农业产业化

中国官方机构及相关学者根据中国国情及对农业产业化的理解与研究，提出农业产业化的定义与具体类型。农业产业化在20世纪90年代初提出，并逐步开始推广，农业产业化的具体内涵是以市场为导向，优化各种要素，以农业龙头企业等经营主体为载体，形成一个上下相连的农业产业链、各主体之间“风险共担，利益均沾”的利益综合体。农业产业化是市场经济发展到一定阶段的产物，比起产加销割裂、买断卖断的交易方式是一个巨大的进步（牛若峰，2006）。农业产业化经营通过引入“非市场安排”打破农业产前、产后同产中部门的分离格局，改变农民简单提供原材料的角色，把分散的小农户组织

① 数据说明：本章数据除特殊说明外，均来自农业产业化统计监测和国家级农业产业化龙头企业监测。

起来，以集体形式进入社会化大市场，最重要的特征是产加销一条龙、贸工农一体化（靳相木，胡继连，2000）。农业产业化在发展过程中重视市场的作用，需要以市场为导向、以开发本地优势农业资源为基础、以追求经济效益为中心，实现产前、产中和产后的一体化经营模式，进而推动农业经济的增长（陈吉元，1997）。

农业产业化发展经历了不同阶段。张敏等（2014）将中国农业产业化的发展历程归纳为起步探索阶段、加速发展阶段和创新提高阶段，在不同阶段农业产业化呈现出不同的特征和组织形式。农业产业化组织形式的演变过程主要与交易费用和规模效益有很大关系，交易费用的降低，提高了产业链中各要素的配置效率，农业技术进步与分工明细则提高了经营主体的生产效率，经营主体获得了较高的规模效益（蔡海龙，2013）。农业产业化模式中农业龙头企业始终是主体，在实践过程中，拓展了不少具体的发展模式，例如“龙头企业＋农户”“龙头企业＋市场＋农户”“龙头企业＋农场”，有学者认为这些早期的农业产业化经营方式存在契约不完善、农业产业化组织的稳定性较差等问题（周立群，曹利群，2002），早期的农业产业化组织的效率相对较低（聂辉华，2012），根据实践经验，农业产业化的经营模式也在不断调整和创新，形成了“公司＋家庭农场”“公司＋社会组织＋农户”“现代农业产业联合体”等模式。农业产业化发展的组织模式中应强调以质量提升取代数量增长、紧密型利益联结机制取代松散型利益联结机制，不能仅强调单一龙头企业的发展壮大，应该逐步向龙头企业集群和农业产业示范区或者示范园转变（姜长云，2013）。

3.1.2 农业龙头企业

农业龙头企业是以农产品为加工原料，与农业生产者结为利益共同体的企业，肩负开拓市场、科技创新、带动农户、促进发展的任务。农业龙头企业的规模决定着农业产业化经营的规模和效益，一般应具有以下几点特征，首先龙头企业的主业应该是农业，应以农产品加工、销售为主；农业龙头企业一般具有一定规模（国家级、省级和市级龙头企业在评选过程中均有一定标准），对所在地农户生产和经营具有辐射作用；能够积极开拓市场，带动农户增长；农业龙头企业与农户形成利益共同体，让农户参与到加工、销售等增值环节的利润分享。

在衔接农户与市场的过程中，农业龙头企业承担着农产品加工、增值和销售的任务，农业龙头企业是农业产业化经营的关键，是农业产业化发展的主要推动力（刘海存，2009）。农业龙头企业是农村经济的重要主体，它在不改变家庭承包经营责任制的条件下，将农户有效地集中起来，并与农户建立契约关系，实现专业化生产和一体化经营，化解农户小生产与大市场之间的矛盾。农业龙头企业是产业化经营的组织者，一端与广大农户链接，在另一端与流通商或消费者链接，充当着农产品供需市场的桥梁，同时也是产业化经营的营运中心、技术创新主体和市场开拓者，在经营决策中处于主导地位，起着关键枢纽作用（牛若峰，2002）。

农业龙头企业按照评选认定的主管部门级别分类，可以分为国家级、省级和地市级农业龙头企业，例如，国家级农业产业化龙头企业由农业农村部、国家发展和改革委员会、财政部、中国人民银行、国家税务总局等八部委认定；农业产业化重点龙头企业已完成5批认定工作，完成7次监测工作，国家级农业产业化重点龙头企业共有1 245家；国家级农业龙头企业认定与监测具有标准，所涉及的主要指标共有8项，例如资产总额、固定资产总额、资产利润率、带动农户能力、基地数量、收购农产品数量等，均是其必须达到的相关指标[①]。省级龙头企业的产生则由省级政府评选产生，各省份农业龙头企业的标准由各省份根据其地理位置、经济发展水平等制定，具体省份农业龙头企业的评定标准并不一样。

3.2　农业龙头企业发展的现状

农业产业化经营在实践中不断发展，农业龙头企业数量逐渐增加。截至2013年，已有1 245家国家级农业产业化重点龙头企业，1万多家省级龙头企业，以及10万多家中小型龙头企业的农业龙头企业队伍（张照新，2013），其中年销售收入超百亿元的企业27家，超50亿元的64家，龙头企业中的上市公司达80多家（王宏，2014），根据农业部产业化办公室2016年监测显示，2015年农业产业化重点龙头企业中，年销售收入超50亿元的企业118家，超100亿元的企业65家。

3.2.1　农业龙头企业的数量和规模

农业龙头企业在税收、财政、金融等政策方面享受到国家和地方政府的优惠和有效支持，在促进农村产业发展的同时，全国农业龙头企业数量增长较快，从2007年的7.55万家，上升到2013年的12.34万家。农业龙头企业数量在2007—2011年之间增长较快，年均增速10.18%，2012—2013年的增长相对较慢，增速为4.27%（图3-1），农业龙头企业队伍在数量增加的同时，其自身规模也在不断扩大。

① 国家级农业产业化龙头企业有明确的认定办法，具体见农业农村部官方网站（http://www.moa.gov.cn/）。

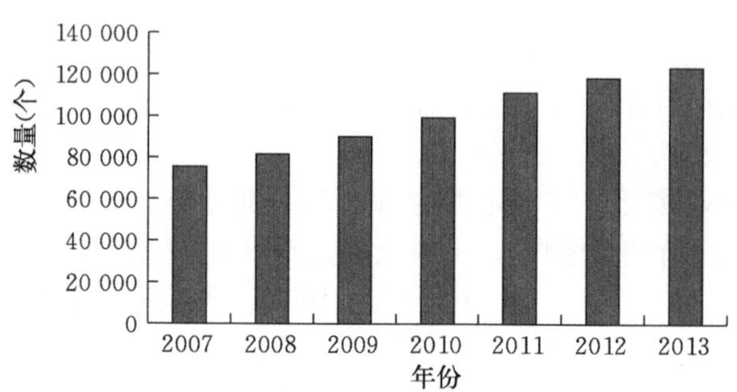

图 3-1　2007—2013 年我国农业龙头企业数量变化情况①

2013 年，农业龙头企业销售收入达到 7.86 万亿元，2013 年增速比规模以上工业企业高出 2.9 个百分点。从时间趋势来看，农业龙头企业销售收入呈现出波动中上升的趋势。受 2008 年经济危机的影响，2008—2009 年，农业龙头企业整体销售收入增长放缓（图 3-2）。

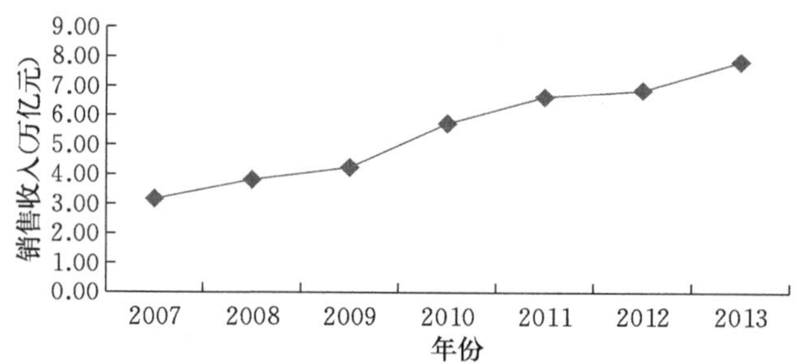

图 3-2　2007—2013 年我国农业龙头企业销售收入变化情况②

3.2.2　农业龙头企业研发投入

提升研发能力能够使企业生产出质量更高、性能更好、成本更低的产品，提高企业在国际市场的竞争能力。为适应现代农业加快发展和消费需求快速提升的需要，农业龙头企业不断加大研发投入，加强科技人才队伍建设。全国有 1.67 万家农业龙头企业建有专门研发机构，但其研发投入总量并不高，数据显示，2013 年国家级生产加工型农业龙头企业科技研发投入 587.32 亿元，较 2012 年增长 10.1%。

但与其他国家相比，农业龙头企业研发投入仍然较低。数据显示，2012 年和 2013 年国家级农业龙头企业研发投入占其销售收入的比重仍不足 1%

①② 数据来源：农业部农业产业化办公室全国农业产业化发展统计分析。

（贾伟，秦富，2015）；而从农业上市公司公布的数据也反映了这一特点，农业上市公司科研投入占销售收入比重仍然不足1%，有些农业上市公司几乎没有研发投入（胡军华，郜思，2012）。与国外农业企业相比，多数农业龙头企业缺乏核心竞争力，仍然具有较大差距，例如2010年孟山都研发投入占总销售收入的11.47%。

3.2.3　农业龙头企业与农户之间的利益联结方式

作为农业产业化的根基，农业龙头企业与农户需通过一定的组织方式建立紧密的利益联结。伴随着发展，利益联结方式已不再是过去的“龙头企业+农户”“龙头企业+合作社+农户”等模式，已经由单纯的契约关系向产业联合体、股份制联盟等联结方式转变。在这种组织方式中，农业龙头企业为农户提供各式各样的服务，如提供种子、化肥及其他原材料，农户稳定地为企业提供合格的初级产品或原料。还有一种模式是农户以土地使用权入股农业龙头企业，农业龙头企业则构建自有基地，雇佣农民进行生产劳作。数据显示，产业化组织创新组织带动模式，在发展订单农业、实行保护价收购的基础上，2013年，各类农业产业化经营组织以订单合同、合作、股份合作等方式，辐射带动农户1.24亿户。

3.2.4　农业龙头企业集群集聚

在发展农业产业化过程中，或由企业自发或由政府推动引导，龙头企业围绕当地特色产业发展精深加工，依托优势资源和区位优势，农业龙头企业向优势产业和优势产区集聚发展的趋势明显，带动了包装、运输等配套产业，形成了区域经济新的增长极（王玉斌 等，2012）。2011年，农业部启动示范基地创建认定工作，认定了一批以龙头企业为核心形成的农业产业集群。平均每家示范基地拥有2～3家国家级农业龙头企业，6～10家省级农业龙头企业，共聚集了各类农业龙头企业9 000多家，年销售收入超过1.7万亿元，占农业龙头企业总收入的21.63%，可见，农业龙头企业集群集聚现象已经非常明显。

3.2.5　农业龙头企业非农化与多元化

资本天然具有逐利性，有些农业龙头企业为追逐企业利润最大化，选择从农业转向非农产业，可在短期内获得更高的利润，农业龙头企业非农化与多元化发展趋势明显。2016年国家级农业产业化重点龙头企业监测数据显示，监测合格的仅有1 133家企业，淘汰了上一批次112家国家级农业产业化重点龙头企业，淘汰原因之一就是农业龙头企业非农化与多元化经营。农业龙头企业非农化与多元化发展对企业绩效的影响并未得到一致性判断，多元化、非相关多元化与农业上市公司绩效呈现负相关关系（刘云芬，陈砺，2015）。刘元春和张明林（2011）的研究表明，实施多元化、非农经营战略对农业龙头企业绩效的影响为正，适度的经营规模是取得良好绩效的边界条件，但不能充分发挥农业龙头企业带动农户增收的作用。

3.3 农业龙头企业在产业化发展过程中的作用

农业产业化的5个基本要素是主导产业、农产品基地、龙头企业、利益机制和管理制度，其中农业龙头企业十分关键，农业龙头企业在开拓市场、带动农户、引入创新要素这几个方面的能力突出，对农业产业化经营的规模起着决定性作用（尹成杰，2001）。20多年来，农业产业化经营快速发展。农业龙头企业大量涌现，成为农业生产、加工和销售的重要主体，成为保障重要农产品供给的骨干力量。农业龙头企业可以在农产品生产、加工、流通等方面大有作为。

3.3.1 开拓国际市场

国内农产品市场竞争进一步加剧，原材料成本和劳动力工资均上升，竞争优势逐步下降；农业龙头企业为了进一步发展，走出去拓展国外农产品市场。农业龙头企业拓展国际市场的方式主要有农产品出口和对外农业投资两种（马述忠，段钒，2011）。数据显示，2013年农业企业出口总额占农产品出口总额的80%左右，1 161家生产加工型国家级农业龙头企业出口额占22.39%，约有43%的国家级农业龙头企业实现出口；从农业对外投资来看，2013年国家级农业龙头企业实际利用外资额和对外投资总额分别为136亿元和76亿元，农业投资的主要方式是在国外建立生产基地。

3.3.2 提升行业管理水平

农业龙头企业相比其他经营主体在提升质量管理方面有两方面的优势。一是龙头企业拥有较完整的检测能力。农业龙头企业对先进的物流、设备、人才、技术优势获取更具有主动性；为了确保农产品质量和安全性，农业龙头企业对于完善检测技术规范、检测记录档案等质量控制制度的建立，既有投入意愿也有投入实力，更能在质量控制方面实现有效管理（张蓓 等，2014）。二是农业龙头企业拥有较强的质量检测和可靠的标识系统。数据显示，农业龙头企业生产的产品约有65%具有“三品一标”（即绿色、有机、无公害和地理标志产品等商标），不少企业生产的产品还是中国名牌产品或者著名商标产品，企业能够通过标签将其合理地区分，便于消费者选购。农业龙头企业实行规模化、标准化生产，其产品质量在行业中处于领先水平。2013 年，农业龙头企业在相关的质检、检疫、认证等方面投入 371.61 亿元，同比增长 22.06%；4.07 万家农业龙头企业建有专门质检机构，占全国龙头企业总量的 32.98%。

3.3.3 接纳新技术、新知识

农业龙头企业为了追求利润最大化，必然要不断更新产品，因而其有意愿接纳新技术和新知识；农业龙头企业为了使得产品适应技术和市场需求，必然要不断引进或开发新的生产技术和工艺，并应用于生产中；为了保障原材料的质量，农业龙头企业也需要把符合市场需求的技术传递给农户，并将此新技术应用到农业生产实践中，从而使最终产品获得市场认可，实现农户与企业共同受益。农业龙头企业不断创新投入方式、服务模式和利益分配机制，促进农民分工分业和产业融合发展。数据显示，农业龙头企业采纳新技术和新知识的意愿高于农民，农业龙头企业大多与高校、科研机构建立研发机构，并且经常组织人员为农民提供免费的技术培训。

3.3.4 保障农产品供给

农业龙头企业加强高标准原料基地建设，提高生产能力和质量安全水平。作为追求自身利益最大化的经济主体，农业龙头企业根据市场需求，与农户进行合作，形成农产品原料生产基地。农业龙头企业则按订单约定对农产品进行收购。农业龙头企业以市场需求为导向，在生产基地建设方面的投入意愿较高，原料生产和产品加工能力有保障。通过建立稳定的原料市场，从数量和质量上保障农产品供应。到 2013 年底，农业龙头企业主要农产品原料采购总额达 3.41 万亿元，同比增长 7.87%，占全国农林牧渔业总产值的 35.17%。以农业龙头企业为主的产业化组织已成为农业生产和农产品市场供应的骨干力量，为保障农产品有效供给发挥了重要作用。

3.3.5 承担社会责任

社会责任，顾名思义就是组织对社会应该承担的责任。农业企业社会责任是指在自身实现盈利的同时，如何服务社会，兼顾环境效益和社会效益，实现消费者需求和社会福祉之间的均衡。企业的社会责任可以通过一系列指标加以衡量，例如基本社会责任、环境保护、利益相关者、农产品质量安全、社会公共事业等（胡铭，2009）。徐雪高等（2013）也对农业企业社会责任进行了总结与分析，认为企业的社会责任主要包括保障安全责任、带动就业增收责任、保障员工福利责任、保护环境责任和参与社会慈善事业责任。农业龙头企业在自身发展过程中，应履行带动农户、改善基础设施等社会责任（陈新达 等，2014）。面对社会化服务体系并不完善的现状，需要农业龙头企业承担较多的社会责任（李炳坤，2006）。

3.4 农业龙头企业发展面临的挑战

3.4.1 农业龙头企业研发能力不强，市场竞争力较弱

农业龙头企业研发投入水平较低，大部分农业龙头企业不注重自身的技术创新和科研投入，仍然依靠传统的工艺技术和资源优势参与市场竞争，或者直接购买成熟的生产加工线，缺乏具有自主知识产权的技术，甚至有些农业龙头企业安于现状，满足于初级产品加工。尽管农业龙头企业与高校或者科研机构建立了试验站或者研究机构，但是仅仅依靠企业自身投入远远不够，大多数企业尚未获得公共部门的财政支持。整体而言，与发达国家和地区的研发相比还存在较大差距，这就导致了其产品质量的差异，再加上我国农产品成本相对较高，农产品在国际市场上自然就缺乏竞争力。与一般的农业企业相比，农业龙头企业规模大，带动能力较强，但是农业龙头企业内部差异较大。

3.4.2 农业龙头企业发展资金缺乏，融资难

农业易受自然环境、气候、疫病等相关因素影响，属于比较利益相对偏低的弱势产业，导致经营主体很容易陷入资金短缺的困境。农业龙头企业资金缺乏的主要原因包括以下几点：一是农业龙头企业产品收购大多为季节性收购，而产品销售则呈现长期性和分散性，加剧了经营资金的季节性短缺。二是农业龙头企业自身扩张的需要，农业龙头企业规模相对较小，在自身发展过程中，需要基地建设、固定资产等方面的投资，加上农业生产周期长，回报率低，导致了农业投资需要在较长时间内回笼。农业龙头企业普遍面临贷款难、融资难的问题（国家级农业龙头企业这一现象可能有所好转），其主要原因，一是农业龙头企业不拥有优良资产，即使是可以抵押的土地，其获得的贷款也相对较低，大约为20%～30%；二是农业龙头企业经营自身风险较大，但是其抵御风险的能力又较低，导致金融机构不敢向其发放贷款；三是贷款周期相对较长，从申请贷款到批复需要较长时间，贷款发放忽视了农产品加工业的特点。

3.4.3 农业龙头企业基地建设滞后，原材料供应不足

农业龙头企业基地建设面临的困境主要包括两个方面，一是土地机制不完善，农业用地相对较为紧张，企业申请审批难度较大，例如养殖企业除养殖场所已被列为农业用地，其他的诸如加工用地、仓库等视为建设用地；土地流转

困难，部分农业龙头企业尝试采用土地流转的方式获得连片的土地，但农户土地的分散性，且对土地的利益诉求不统一，导致企业租地较为困难。二是生产基地建设滞后，由于农产品种养环节投入高，周期较长，风险也比较大，企业自身建设基地的意愿并不强，导致农产品原材料供应不足；尽管农业龙头企业与农户建立了利益联结机制，但是利益联结关系仍然不够紧密（黄连贵，张照新，2008），两者之间的关联缺乏稳定性，难以形成优势互补、利益共享的利益联结机制，原料的品质和质量安全难以得到保障。

3.4.4 多数农业龙头企业产业链条较短，品牌影响力有待提升

不少农业龙头企业主要从事原材料初加工，产业链条不长，甚至有些企业仍以原料出售为主；整体来看，产品档次不高，产品附加值低，产业同质、产品单一，抗风险能力差；少数企业为了获得短暂的市场优势，不计成本，大打价格战，造成农业企业间恶性竞争，使一些地区产业发展不协调、不均衡，甚至有的企业出现了产能过剩的现象。品牌过多、过杂，作为农业龙头企业宣传成本较高，农产品差异化程度较小，产品宣传存在较多的搭便车行为，企业不愿意增加投入。

3.4.5 农产品市场化体系有待完善

在农产品市场运行中，某些品种出现高产量、高消费、高进口、高库存的自相矛盾现象，即农产品市场存在供需结构性失衡（胡冰川，2015）。地方政府引进一些国家级农业龙头企业，但当地原料基地建设相对滞后，企业原料供给不足，往往出现产能阶段性过剩，导致同类企业相互争抢原料，恶性竞争时有发生。2013 年产业化组织订单履约率同比下降 4.7 个百分点，主要原因在于农产品市场体系不够成熟，农产品流通配套设施不够完善，市场信息获取渠道单一，产业链建设不协调，部分地区产品基地建设与加工能力不配套。

3.5 小结

本章在介绍农业产业化发展的基础上，针对农业龙头企业的现状、问题和面临的挑战进行分析；农业龙头企业发挥了巨大作用，如保障农产品有效供给、积极开拓国内外市场和承担社会责任、有效衔接农业与现代工业等。然而，农业龙头企业发展过程中也面临着诸多挑战，如农业龙头企业自身规模小，资金能力有限且研发能力不强，同时也容易受到外界因素制约。

第四章 农业产业集群效率测度及其影响因素分析

扶持农业产业化，逐步由扶持农业龙头企业转向农业产业集群。各地在实践中搭建公共服务平台，培育农业产业集群，农业产业化示范基地得到快速发展，主要包括产业依托型、园区载体型、企业带动型和县域发展型等四种类型。农业产业集群具有集群内企业实力不断增强，辐射带动能力显著提升，公共服务功能逐步健全等诸多优势。通过对农业产业集群进行效率测定，可间接反映产业集群所在地区的农业企业技术效率水平。本章利用全国首批 76 家农业产业化示范基地 2010—2012 年数据，采用 DEA-Tobit 模型测度农业产业集群的效率水平，并分析其影响因素。

4.1 典型农业产业集群

农业产业集群通常是指由农户、农业企业等，按照区域化布局、产业化经营、专业化生产的要求，实现地域和空间的产业高度集聚的有机体（尹成杰，2006）。农业产业集群把中国农业“小而散、小而全”的生产者引向专业化产业区，有利于形成区域农产品品牌优势，为全球化背景下中国农业产业升级提供借鉴思路和拓展模式。我国农业产业化发展主导方向已逐步向农业产业集群倾斜，形成了一批农业产业化示范基地，截至 2014 年，农业部认定两批共 153 家农业产业化示范基地，并区分为产业依托型、园区载体型、企业带动型和县域发展型等类型。农业产业集群已成为促进新型经营主体发展、推动农业转型升级的重要方式，但与其他行业相比，我国农业产业集群整体来说发展相对滞后，尚处于初始阶段，如何提升农业产业集群绩效，促进农业产业化发展，是需要关注的问题。不少学者通过具体的产业集群案例进行了研究，张丽等（2005）从地方政府在种植业发展、品牌建设、科技创新中的作用，对北京市平谷区大桃产业集群进行了个案研究；张晗和吕杰（2011）从集群主体成员的角度以本溪中草药产业集群为例，评价了农业产业集群影响因素的作用；徐丽华和王慧（2014）以山东省寿光市蔬菜产业集群为例，研究农业产业集群的特征。

各地依托当地资源禀赋，积极推进龙头企业集群集聚，发展形成了一批特色鲜明、形式多样的农业产业化示范基地。根据带动原料基地情况、基地内龙头企业关联度及外部政策环境等方面的差异，以下从各类型的产业集群选取代表性样本进行简要介绍：

（1）**产业依托型**。诸暨珍珠产业化示范基地依托当地淡水珍珠养殖传统和得天独厚的自然资源优势而建立，其所在的诸暨市淡水珍珠年产量达到 1 000 多万吨，约占国内总产量的 80%，世界总产量的 70%；诸暨淡水珍珠加工品产量约占国内市场的 80%、出口产品的 93%。珍珠生产加工企业在示范基地内发展可以享受到其地域品牌的独特优势，有利于创建品牌和拓展销售渠道，目前其产业链上集聚有农业龙头企业 103 家，其中国家级重点龙头企业 2 家，省级龙头企业 4 家，2012 年完成工业产值 79.15 亿元。诸暨示范基地内阮氏珍珠等企业着重开拓发展高端珍珠精品饰品，其产品附加值可达普通初级加工品的 5～10 倍。诸暨示范基地搭建了珍珠科技创新中心、珠宝设计中心、检测鉴定中心和电子商务中心四大公共服务平台。科技创新中心提供技术咨询服务、共性技术研发、科技成果推广等服务；建设了独立的珠宝检测中心，对龙头企业生产的珍珠及其制品进行检验和出口检测。基地每年还举办中国珍珠产业节进行宣传。

（2）**园区载体型**。安徽肥东县农产品加工产业化示范基地以农产品加工及休闲食品生产为主，已形成了饲料加工、畜禽加工、粮油加工和食品加工四大产业群。基地各种产业在相关龙头企业的带动下形成了多种产业链条，使基地内逐渐集聚了原料交易、物流配送、冷藏储存、设计包装、产品展示等各行业企业，建立了企业间相辅相成的专业化分工协作关系。肥东示范基地有专门的管委会负责园区发展规划和管理，累计筹集资金 20 亿元投入基础设施建设。为吸引优质龙头企业入驻，示范基地在土地供应、税收、贷款担保等方面制定了一系列优惠政策，并给予 37 项收费减免，由管委会代办全部入园行政审批手续。此外，示范基地还在预审会、入园条件门槛、投资强度、税收要求等方面对农业产业化龙头企业适当放宽，注重龙头企业的品牌和实力，加快示范基地的产业集聚。

（3）**企业带动型**。湖北福娃产业化示范基地的福娃集团围绕稻谷加工开发系列产品，做稻米的“榨干吸尽”文章：加工制成精米，销往华中、华南地区；利用糙米制成糙米卷、糙米粒、糙米棒等休闲食品；利用稻壳残渣加工成米糠油用于糙米加工及饲料生产，将稻壳用于发电满足企业生产用能和照明，替代燃油和燃煤，减少了废弃物的排放。湖北福娃示范基地内的华田、恒泰等众多中小型龙头企业在产业链下游产品上采取与福娃集团差异化发展的策略，利用福娃集团稻米加工的副产品，生产加工饲料、米糠油等产品，形成企业间特殊的竞争合作并存关系。

（4）县域发展型。黄陂武湖产业化示范基地整体规划面积260平方千米，地理边界与县域整体面积接近，覆盖的产业基本涵盖整个县域的特色产业。2012年，基地内企业带动该区优质稻60多万亩*，蔬菜10万亩，鲜食作物6万亩，茶叶6万亩，小龙虾等水产养殖5.6万亩，水禽养殖2 000多万只，万头生猪养殖小区8个。基地引进农业企业78家，与70多家农民合作社建立了紧密联结，还建有大型农贸批发市场和物流集散中心。黄陂区武湖示范基地内，汉口精武等水禽加工企业向华发羽绒公司提供鸭绒，华发羽绒公司又为基地内的南极峰羽绒服等服装加工企业提供原料，形成了上下游纵向合作关系；四季美农贸城、汉口北商贸城等物流企业与基地内诸多农业龙头企业在流通、销售等方面有合作关系。

从以上具体案例可以看出，各类型产业集群虽有其各自的特点，但是均有共同特征：除依托当地主导产业以外，由不同规模大小的龙头企业集聚而成，围绕产业链上下游形成了企业的集合体。

4.2 农业产业集群的现状与作用

4.2.1 农业产业集群的现状

截至2012年年底，76家国家农业产业化示范基地共集聚各类龙头企业3 796家，平均每个示范基地比2010年增加2.5家，平均资产总额和销售收入分别增加3.76亿元和15.09亿元。示范基地龙头企业原料采购值3 267.9亿元，平均每个示范基地增加4.41亿元，带动农户平均增加2.2万户。76家示范基地共吸纳固定职工104.20万人。总体来看，这些示范基地基础设施建设完备，主导产业突出，农产品加工能力强，物流系统发展成熟，已成为促进当地经济发展的重要力量。76家示范基地按照产业集群分类来看：产业依托型21家、园区载体型37家、企业带动型5家、县域发展型13家，分别占总体的27.6%、48.7%、6.6%及17.1%。

4.2.2 农业产业集群的作用

①创新公共服务供给方式。农业产业集群形成政府支持、企业主导、市场运营的公共服务供给模式，农业龙头企业集群有协同发展的需求。搭建科技研发、质量检测、物流信息等公共服务平台，发挥政府部门、龙头企业、科研院所等主体的优势，为示范基地生产经营主体提供专业化、市场化服务。②促进

* 亩为非法定计量单位，1亩等于1/15公顷。

新型农业经营主体发展。农业产业集群推动了“公司＋专业大户/农户”“公司＋合作社”“公司＋家庭农场”等多种组织模式发展，带动了农民合作社、家庭农场等新型经营主体形成和发展，为当地提供了农产品的需求市场和技术服务支撑。(3) 推动农业产业转型升级。产业集群内的农业龙头企业之间在原料和市场方面有竞争关系，也在产业链上中下游的共性技术方面开展合作。提高产业集群创新的科学技术应用水平和成果转化效率，建立技术和服务共享平台，有利于提高集群内的原料生产基地建设水平、农产品及其加工品科技含量。(4) 加快新型城镇化建设步伐。通过企业集聚和产业联系建立非竞争性联合体，形成镇域经济的增长极，诱发镇域经济增长活力，实现镇域经济和社会均衡发展。示范基地通过引导龙头企业集聚，不仅发展农产品加工，还带动发展包装、储藏、运输等配套产业以及信息、金融、餐饮等服务业。⑤促进当地经济发展。产业集群给农业企业经营活动和生产方式的变革带来机遇，为农业生产者和需求者提供了交流和互动的平台，提高了区域经济发展活力，使得科技创新得以有效转化为成果，进而成为促进当地经济发展的动力源泉。产业集群推动了当地农业产业结构的调整，通过结构的转变促进了当地经济的发展。

4.3　研究方法与数据来源

4.3.1　研究方法

1. DEA 方法

规模经济理论表明，不管是产业集群还是企业，均存在最佳的规模 (Hoover，1937)，规模过大或过小均不可能使产业集聚效果最佳；农业产业集群规模需要遵循经济规律，中国各省份农业资源禀赋、经济发展水平、基础设施建设均存在明显不同，农业产业集群水平也会有差异。效率测算与分析的方法相对较多，本章主要采用数据包络分析方法 (Data Envelopment Analysis，简称 DEA)。相对其他分析方法而言，该方法的主要优点包括以下几个方面：一是不需设定具体函数形式，可以避免因函数形式设定不当而产生的错误；二是不需要价格资料，不需要考虑量纲的影响；三是适用于多投入—多产出的系统。DEA 是一种非参数估计方法，可以规避参数方法的多种限制。本章基于产出角度的可变报酬 BCC 模型对我国农业产业集群效率进行测算。

$$\min_{\theta,\lambda}\quad \theta$$
$$\text{s. t.}\begin{cases} -y_i + Y\lambda \geqslant 0 \\ \theta x_i - X\lambda \geqslant 0 \\ \lambda \geqslant 0 \end{cases} \tag{4-1}$$

式中，θ 表示产业集群在规模报酬可变的假设条件下的效率；λ 表示 $N\times1$ 维常数向量；本章使用 Coelli 的 DEAP2.1 软件进行 DEA 测算，得到各产业集群 2010—2012 年 Malmqusit 生产率指数，具体包括综合效率（Total efficiency）、规模效率（Scale Efficiency）和技术效率（Technical Efficiency），三种效率之间具有如下关系，综合效率＝技术效率×规模效率。

上述 DEA 模型中，我国农业产业集群效率的测定指标主要选取：产出指标为集群内的各类企业销售收入加总，投入指标包括劳动力工资总额、资产总额、原材料采购值。为了验证投入指标与产出指标两者之间是否具有高度相关性，采用皮尔逊检验。结果显示，投入指标与产出指标之间高度相关且同向，表明效率评价结果可靠，因而，选择的投入和产出指标选取较为合理。

2. Tobit 模型

为分析外生变量对效率的影响，Coelli（1998）提出了两步法，第一步采用 DEA 计算出各经济体的效率，第二步以效率值作为因变量，以外生变量为自变量建立回归模型。DEA 计算得出的效率值的取值范围是［0，1］，因变量取值被限制在此范围内，直接采用最小二乘法进行回归，参数估计会有偏和不一致。因此，第二步是采用 Tobit 回归分析。

Tobit 模型更适合用来分析外生“环境”变量对效率的影响，在已有关于效率值与可能影响效率值的各个外生“环境”变量之间关系的经验研究中，Tobit 模型是被最广泛运用的方法（Woodridge，2007）。

Tobit 模型是由 Tobin 提出的（Tobin，1958），该模型的一般表示形式为：

$$y_i=\begin{cases}\boldsymbol{X}_i\beta+u_i & \boldsymbol{X}_i\beta+u_i>0\\ 0 & \boldsymbol{X}_i\beta+u_i\leqslant 0\end{cases}\quad i=1,2,\cdots,N \qquad (4-2)$$

式中，N 表示样本数，y_i 表示作为被解释变量的效率值，$\boldsymbol{X}_i$ 表示影响农业产业集群效率的各个解释变量向量，β 表示 $\boldsymbol{X}_i$ 的待估计参数，u_i 表示服从正态分布 $N(0,\sigma^2)$ 的随机误差项。

对影响我国农业产业集群效率的相关因素进行分析，因变量选择农业产业集群效率，即综合效率、技术效率和规模效率；自变量主要考虑国家农业产业化示范基地的评判标准（包括农业产业集群规模的大小、农业龙头企业占比、合作社数量和研发投入等）；结合现有研究文献（鲁德银，2007），选择城镇化水平作为影响农业产业集群效率的主要变量，并提出了如下研究假说。

资产总额是衡量农业产业集群的重要因素，农业产业集群规模越大，越不易于资源的有效配置，其效率就会降低，因而，提出研究假说 1：资产总额越大，农业产业集群的效率相对较低。

农业龙头企业是农业产业集群的主体，农业龙头企业资产总额占农业产业集群资产总额的比重较高，每个农业产业集群中几乎都包含 2 家以上的农业龙头企业，农业龙头企业资产总额的增加，将明显影响农业产业集群的效率。因而，提出研究假说 2：农业龙头企业资产总额占比越大，农业产业集群的效率越低。

城镇化过程中人口不断向城市流动，实现了劳动力资源从生产率较低的产业向生产率较高的产业转移。中国农业产业集群所在地区大多为农村地区，城镇化使得农村劳动力不断从农业生产中释放出来，逐步成为了产业工人。与此同时，政府鼓励土地合理流转，大量土地流转形成规模，为农业产业集群的形成创造了条件。因而，提出研究假说 3：城镇化率越高，农业产业集群的效率越高。本章用各省份非农业人口比重来衡量该地区的城镇化水平。

研发可以经过创新和技术转移的途径促进技术效率的改善。农业产业集群中的企业加工技术相对落后，农产品仅仅处于粗加工阶段，加大研发投入，可以改进企业的生产技术，提升企业的效率，使农业产业集群效率得到进一步提升。因而，提出研究假说 4：研发投入越大，农业产业集群的效率就越高。

4.3.2　数据来源

本章数据来源于农业部产业化办公室对国家农业产业化示范基地认定和监测数据，其中 2010 年数据为首批农业产业化示范基地认定数据；2011 年、2012 年数据来自首批农业产业化示范基地的监测。各指标数据均由对应的各类型企业（国家级、省级和地市级农业产业化龙头企业）数据汇总而得。本章所涉及的变量的统计性描述如表 4－1 所示。

表 4－1　各变量的统计性描述

变量名称	变量单位	均值	标准差	最小值	最大值
综合效率	实际数	0.412	0.193	0.097	1.000
技术效率	实际数	0.542	0.235	0.182	1.000
规模效率	实际数	0.788	0.186 0	0.290	1.000
资产总额	万亿元	0.006	0.007	0.003	0.048
龙头企业资产总额	万亿元	0.003	0.004	0.000 1	0.019
城镇化水平	实际数	53.380	10.650	34.960	89.300
研发投入	万亿元	0.717	1.385 0	0.000	9.129
合作社数量	万个	0.024	0.038	0.001	0.283

注：综合效率、技术效率和规模效率通过 DEA 方法核算而得；其他变量数据通过 Stata 软件处理而得。

4.4 农业产业集群效率比较及影响因素分析

4.4.1 农业产业集群效率分析

1. 不同地区[①]农业产业集群效率分析

农业产业集群效率相对较低，东部地区的综合效率和技术效率明显高于中部和西部地区，这与各地区经济和农业生产现实相符：东部省份经济比较发达，有充足的资金和人力资本投入到农业科研中去，而中、西部省份经济发展水平相对落后。从数据来看，不少农业产业集群的各个要素实际使用量和最优使用量之间存在差异，因而，农业产业集群的要素配置相对较差，仍具有很大的改善和提升空间。就规模效率而言，中部地区农业产业集群的规模效率相对较大，地区之间差异并不明显。

从时间趋势看，尽管农业产业集群综合效率较低，但处于上升趋势，2010—2012 年综合效率分别为 0.378、0.405 和 0.420。东部、中部地区农业产业集群综合效率呈现出增长的趋势，西部地区相反，且东部、中部地区农业产业集群的综合效率高于西部地区。我国农业产业集群的技术效率呈现增长趋势，2011 年的技术效率高于 2010 年，2012 年和 2011 年的技术效率基本持平；不同地区之间农业产业集群技术效率具有差异，东部地区的农业产业集群技术效率明显高于中部和西部地区，且东部、中部地区农业产业集群的技术效率增长，西部地区农业产业集群的技术效率下降。我国农业产业集群的规模效率相对较高，整体和各地区的农业产业集群的规模效率基本维持在 0.8 左右（除 2011 年西部地区农业产业集群的规模效率外），且在不同年份的变动差异并不大，因此提升农业产业集群综合效率的关键在于提升技术效率。具体结果如表 4-2 所示。

表 4-2 不同地区的农业产业集群效率比较

地区	2010 年			2011 年			2012 年			平均		
	综合效率	技术效率	规模效率	综合效率	技术效率	规模效率	综合效率	技术效率	规模效率	综合效率	技术效率	规模效率
东部	0.412	0.529	0.802	0.458	0.620	0.750	0.488	0.641	0.780	0.452	0.598	0.778
中部	0.364	0.406	0.894	0.393	0.453	0.864	0.440	0.512	0.884	0.399	0.457	0.881
西部	0.341	0.521	0.717	0.335	0.516	0.516	0.291	0.407	0.757	0.322	0.482	0.729
全部	0.378	0.491	0.805	0.405	0.544	0.773	0.420	0.541	0.804	0.401	0.525	0.794

数据来源：作者根据 DEA 模型结果整理而得。各类型农业产业集群效率为各地区的农业产业集群效率的几何平均数。

① 东部、中部、西部地区的划分参照国家统计局的划分。东部：北京、天津、河北、辽宁、上海、江苏、浙江、福建、山东、广东、海南；中部：山西、吉林、黑龙江、安徽、江西、河南、湖北、湖南；西部：内蒙古、广西、重庆、四川、贵州、云南、陕西、甘肃、宁夏、青海、新疆、西藏。

2. 不同类型的农业产业集群效率分析

尽管农业产业集群的主体为企业，但是农业产业集群的驱动主体存在差异。基于此，农业产业集群的类型可以分为园区载体型、企业带动型、县域发展型和产业依托型。本章详细测度 4 种类型农业产业集群的效率，具体如表 4－3所示。各类型和地区产业集群效率详见表 4－5。

表 4－3　不同类型的农业产业集群效率比较

地区	2010 年			2011 年			2012 年			平均		
	综合效率	技术效率	规模效率	综合效率	技术效率	规模效率	综合效率	技术效率	规模效率	综合效率	技术效率	规模效率
园区载体型	0.40	0.53	0.81	0.45	0.58	0.79	0.46	0.57	0.83	0.44	0.56	0.81
企业带动型	0.44	0.51	0.90	0.45	0.55	0.84	0.49	0.68	0.74	0.46	0.58	0.83
县域发展型	0.33	0.47	0.75	0.38	0.54	0.74	0.44	0.58	0.78	0.38	0.53	0.76
产业依托型	0.36	0.44	0.81	0.33	0.48	0.74	0.33	0.44	0.78	0.34	0.45	0.78

数据来源：作者根据 DEA 模型结果整理而得，其中园区载体型 36 家，企业带动型 5 家，县域发展型 14 家，产业依托型 21 家。

不同类型农业产业集群的效率具有一定差异。从近 3 年产业集群的效率平均值来看，集群综合效率、技术效率和规模效率从大到小排序基本是企业带动型、园区载体型、县域发展型和产业依托型。

从时间趋势来看，园区载体型、企业带动型和县域发展型农业产业集群的综合效率和技术效率均增加，产业依托型的农业产业集群的综合技术效率则先下降后上升，技术效率则先上升后下降。农业产业集群的规模效率相对较高，除 2012 年以外，企业带动型农业产业集群的规模效率均高于其他 3 种类型。不同类型农业产业集群的效率差异的原因可能与其形成的动因及集群内企业竞争力提升有关。企业带动型的农业产业集群主要依托一体化程度高、经济实力强的大型龙头企业，围绕原料生产、产品加工、物流配送等，形成集仓储运输、信息网络、专业化生产、社会化服务的产业及群体，突出特点在于依托大型龙头企业形成了较强的研发体系，且集群内的大企业与中小企业间形成了在主业上竞争，副业充分合作的关系；与其他 3 种类型相比，企业带动型的农业产业集群更加强调市场配置的优化作用。

3. 76 家示范基地农业产业集群效率横向比较

在 76 家示范基地中，东部、中部、西部地区分别有 33 家、22 家、21 家。

农业产业化示范基地综合效率的波动表现出差异性，东部和中部地区综合效率的波动程度明显大于西部地区的波动，中部地区技术效率的波动程度最大，其次为东部地区，西部地区波动最小；中部地区农业产业集群的规模效率波动程度最小，西部地区农业产业集群的规模效率波动程度略小于东部地区。

2012 年 76 家农业部产业化示范基地的综合效率、技术效率差异明显。平均技术效率为 0.541，技术效率低于 0.5 的有 42 家，占总数的 55.26%，技术效率为 1 的示范基地仅有 9 家，这反映出我国农业技术水平整体偏低。综合效率达到 0.8 以上的示范基地有 6 家，仅占总数的 7.89%，仅有 3 家示范基地处于生产前沿面；示范基地的综合效率、技术效率及规模效率均表现出明显的波动性，其中技术效率的波动最大，方差为 0.248，综合效率为 0.205，规模效率最小为 0.188。不同示范基地的效率值差异较大，具体见图 4－1，横轴代表 76 家示范基地的序号，纵轴表示效率值。

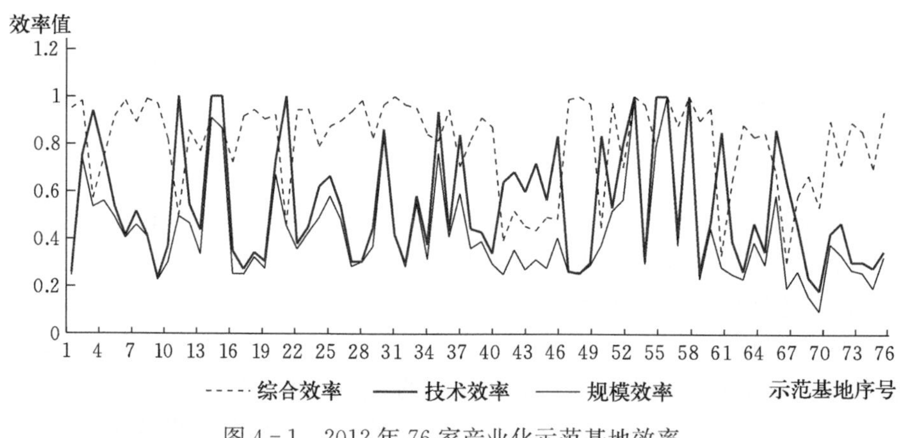

图 4－1　2012 年 76 家产业化示范基地效率

4.4.2　农业产业集群效率的影响因素分析

由于 2010 年部分数据未统计，本章选用 2011—2012 年农业产业化示范基地的相关数据分析影响我国农业产业集群效率的因素。模型处理过程中，首先，对各变量的相关性进行了检验，结果显示各变量之间相关性较低；其次，使用混合 Tobit 回归，通过了聚类稳健标准误检验；最后，采用随机效应的面板 Tobit 回归，LR 检验的结果证实个体异质性的存在，即存在个体效应，因而，应使用随机效应的面板 Tobit 回归，具体结果如表 4－4 所示。

表 4-4　农业产业集群效率的影响因素

变　量	综合效率		技术效率		规模效率	
	系数	T 值	系数	T 值	系数	T 值
资产总额	−1.300 64	−0.41	2.120 56	0.55	−2.884 90	−1.06
农业龙头企业资产总额	−8.947 33*	−1.66	−5.544 25	−0.85	−7.177 16	−1.57
城镇化率	0.000 05***	3.93	0.000 04***	2.48	0.000 03***	2.72
研发投入	0.009 25	0.76	0.037 68***	2.56	−0.033 85***	−3.27
合作社数量	−0.022 73	−0.06	1.231 95***	2.61	−1.335 07***	−4.01
常数项	0.148 82*	1.92	0.262 42***	2.79	0.714 47***	10.63
样本量	151		151		151	
Wald chi2 (5)	20.76		21.06		61.06	
Log likelihood	44.31		15.35		68.28	
Prob.	0.000 9		0.000 8		0.000 0	

注：根据 Stata 软件回归整理而得，其中*、**、***分别表示相应变量通过 10%、5%、1%的显著性水平检验。

实证模型结果显示，资产总额尽管是影响农业产业集群销售收入的主要因素，但对农业产业集群效率的影响并不显著；伴随着资产总额的不断增加，农业产业集群的综合效率、技术效率和规模效率并没有增加。这也间接反映我国农业产业集群已具有规模，依靠提升产业集群规模效率对提升综合效率的意义不大，重要的是改善产业集群内不同要素的配置。研究假说 1 并没有得到验证。

农业龙头企业是农业产业集群的主体，其规模必然对农业产业集群绩效产生重要影响，结果显示，农业龙头企业资产总额对农业产业集群综合效率的影响为负，且通过显著性水平检验，对农业产业集群技术效率和规模效率的影响并不显著。农业龙头企业资产总额占比越大，其他企业占比就会越小，不利于农业产业集群区内整个产业链条的形成，产业一体化容易受到阻碍，会造成农业产业集群效率的降低，研究假说 2 得到部分验证。

城镇化水平对农业产业集群综合效率、技术效率和规模效率的影响均为正，且均通过显著性水平检验。城镇化可能从以下几个方面对农业产业集群产生影响：一是转移的农村劳动力可能成为产业工人，有效地保障了劳动力的供应；二是劳动力转移使得农村土地更易于集中，农业原材料供应更有保障；三是大多农业产业集群所在地均为农村地区，城镇化为农业产业集群的形成产生可能性。实证结果表明研究假说 3 得到了验证。

研发投入对农业产业集群综合效率的影响并不显著，然而，对农业产业集群技术效率的影响为正，对规模效率的影响为负，均通过显著性水平检验。可能的原因在于研发投入的增加，使得企业加工技术得以进步，提升了企业的生产技术效率。数据显示，研发投入的80%来自国家级农业龙头企业，使得其技术水平普遍上升，其他企业的技术水平相对落后，不利于形成农业一体化，因而，其规模效率下降，研究假说4并未得到全部验证。

4.5 小结

本章利用2010—2012年农业部产业化示范基地认定和监测数据，采用DEA-Tobit模型对农业产业集群的效率进行测度，对影响农业产业集群效率的影响因素进行了分析。研究结论如下：尽管我国农业产业集群效率呈现递增趋势，但各个农业产业集群的效率差异明显。从不同地区来看，东部地区农业产业集群的综合效率明显高于中部和西部地区；从不同的农业产业集群类型来看，企业带动型的农业产业集群综合效率、技术效率和规模效率明显高于园区载体型、县域发展型和产业依托型。农业产业集群综合效率的差异主要来源于技术效率的差异，规模效率差异相对较小。从影响我国农业产业集群效率的因素来看，城镇化水平和研发投入对农业产业集群效率的影响较为明显，资产总额对农业产业集群效率的影响并不显著，但农业龙头企业资产总额占比对产业集群综合效率的影响为负。

表4-5 2010—2012年农业产业集群效率表

地区	集群类型	2010年			2011年			2012年		
		综合效率	技术效率	规模效率	综合效率	技术效率	规模效率	综合效率	技术效率	规模效率
a1	b1	0.337	0.422	0.800	0.230	0.238	0.969	0.243	0.256	0.948
a1	b1	0.328	0.389	0.844	0.328	0.389	0.844	0.736	0.752	0.979
a1	b2	0.505	0.782	0.645	0.506	0.768	0.659	0.534	0.937	0.570
a1	b2	0.640	0.643	0.995	0.572	0.684	0.837	0.558	0.752	0.742
a1	b1	0.455	0.499	0.912	0.489	0.539	0.907	0.491	0.537	0.914
a1	b1	0.230	0.239	0.959	0.418	0.429	0.974	0.402	0.411	0.980
a2	b4	0.211	0.257	0.821	0.378	0.452	0.838	0.458	0.515	0.889
a3	b4	0.907	1.000	0.907	0.279	0.315	0.887	0.408	0.413	0.988
a3	b1	0.092	0.102	0.895	0.391	0.415	0.943	0.226	0.233	0.968
a3	b1	0.301	0.351	0.857	0.293	0.373	0.788	0.300	0.368	0.817
a1	b3	0.340	1.000	0.340	0.516	1.000	0.516	0.495	1.000	0.495

（续）

地区	集群类型	2010年			2011年			2012年		
		综合效率	技术效率	规模效率	综合效率	技术效率	规模效率	综合效率	技术效率	规模效率
a1	b3	0.512	0.565	0.907	0.478	0.580	0.824	0.465	0.543	0.856
a1	b3	0.174	0.183	0.952	0.350	0.445	0.787	0.334	0.435	0.768
a1	b3	0.642	0.656	0.979	0.744	0.795	0.936	0.909	1.000	0.909
a2	b1	0.495	0.772	0.641	0.650	0.683	0.952	0.865	1.000	0.865
a2	b2	0.338	0.347	0.973	0.259	0.370	0.699	0.251	0.348	0.721
a2	b3	0.234	0.280	0.837	0.208	0.255	0.816	0.248	0.271	0.915
a2	b1	0.223	0.283	0.789	0.390	0.413	0.944	0.322	0.342	0.942
a2	b1	0.256	0.316	0.810	0.270	0.321	0.843	0.275	0.305	0.903
a1	b1	0.199	0.253	0.785	0.599	0.669	0.895	0.671	0.729	0.921
a1	b1	0.612	0.889	0.688	0.559	0.970	0.576	0.455	1.000	0.455
a1	b1	0.359	0.413	0.871	0.354	0.398	0.890	0.356	0.378	0.943
a1	b4	0.403	0.447	0.903	0.489	0.524	0.933	0.424	0.448	0.947
a1	b1	0.241	0.293	0.821	0.436	0.620	0.704	0.490	0.620	0.789
a1	b1	0.361	0.401	0.901	0.560	0.644	0.870	0.580	0.665	0.873
a1	b4	0.451	0.540	0.834	0.475	0.546	0.870	0.482	0.538	0.895
a1	b4	0.190	0.268	0.708	0.247	0.319	0.774	0.283	0.303	0.934
a1	b1	0.358	0.359	0.997	0.261	0.609	0.428	0.303	0.309	0.981
a1	b3	0.286	0.339	0.843	0.343	0.442	0.776	0.367	0.445	0.824
a2	b1	1.000	1.000	1.000	0.681	0.735	0.926	0.829	0.861	0.963
a2	b1	0.353	0.373	0.946	0.370	0.387	0.958	0.416	0.417	0.997
a2	b4	0.244	0.262	0.932	0.229	0.253	0.903	0.281	0.292	0.962
a2	b1	0.235	0.254	0.927	0.481	0.615	0.781	0.551	0.581	0.949
a1	b4	0.860	1.000	0.860	0.305	0.752	0.405	0.314	0.374	0.839
a1	b1	0.847	0.867	0.977	1.000	1.000	1.000	0.759	0.934	0.812
a1	b3	0.544	0.642	0.847	0.377	0.388	0.972	0.407	0.432	0.942
a2	b4	0.401	0.503	0.797	0.548	0.635	0.864	0.591	0.838	0.705
a2	b4	0.305	0.338	0.901	0.207	0.459	0.452	0.359	0.441	0.816
a2	b4	0.395	0.443	0.893	0.389	0.431	0.900	0.388	0.427	0.909
a2	b3	0.235	0.285	0.825	0.297	0.351	0.845	0.294	0.338	0.870
a1	b3	0.211	0.401	0.527	0.231	0.553	0.418	0.250	0.639	0.392

（续）

地区	集群类型	2010年			2011年			2012年		
		综合效率	技术效率	规模效率	综合效率	技术效率	规模效率	综合效率	技术效率	规模效率
a1	b1	0.344	0.502	0.686	0.372	0.714	0.521	0.353	0.682	0.518
a1	b3	0.213	0.567	0.376	0.267	0.576	0.464	0.270	0.598	0.452
a1	b1	0.304	0.863	0.352	0.304	0.663	0.459	0.312	0.718	0.434
a1	b4	0.282	0.467	0.605	0.278	0.537	0.519	0.276	0.563	0.491
a1	b1	0.462	0.571	0.808	0.392	0.689	0.569	0.404	0.833	0.484
a2	b4	0.224	0.251	0.892	0.247	0.253	0.975	0.259	0.263	0.987
a2	b1	0.236	0.242	0.978	0.259	0.264	0.983	0.253	0.254	0.997
a2	b3	0.257	0.303	0.848	0.263	0.334	0.788	0.289	0.299	0.967
a2	b4	0.350	0.352	0.994	0.351	0.567	0.620	0.373	0.835	0.446
a2	b2	0.419	0.446	0.940	0.587	0.595	0.988	0.518	0.532	0.973
a2	b2	0.307	0.320	0.958	0.325	0.326	0.997	0.566	0.805	0.702
a2	b1	1.000	1.000	1.000	0.953	0.970	0.982	1.000	1.000	1.000
a2	b1	0.300	0.312	0.962	0.300	0.312	0.962	0.296	0.307	0.964
a1	b1	0.993	1.000	0.993	0.943	0.973	0.969	0.792	1.000	0.792
a1	b1	0.272	0.274	0.995	0.911	1.000	0.911	1.000	1.000	1.000
a1	b4	0.375	0.433	0.866	0.377	0.436	0.866	0.373	0.425	0.877
a1	b3	0.252	0.281	0.895	0.403	0.571	0.706	1.000	1.000	1.000
a3	b4	0.339	0.469	0.722	0.400	0.458	0.873	0.232	0.258	0.898
a3	b1	0.310	0.312	0.993	0.433	0.466	0.929	0.444	0.467	0.950
a3	b4	0.284	0.449	0.633	0.290	1.000	0.290	0.282	0.851	0.331
a3	b1	0.330	0.708	0.467	0.281	0.448	0.629	0.252	0.389	0.648
a3	b3	0.325	0.363	0.896	0.224	0.280	0.799	0.232	0.263	0.881
a3	b1	0.461	0.596	0.773	0.401	0.521	0.770	0.386	0.466	0.830
a3	b4	0.370	0.384	0.965	0.287	0.346	0.829	0.292	0.346	0.844
a3	b3	0.338	0.734	0.461	0.625	0.962	0.650	0.584	0.861	0.679
a3	b1	0.343	1.000	0.343	0.521	0.879	0.593	0.194	0.641	0.302
a3	b1	0.479	1.000	0.479	0.230	0.526	0.438	0.264	0.454	0.581
a3	b1	0.566	0.944	0.600	0.395	1.000	0.395	0.159	0.238	0.668
a3	b4	0.186	0.325	0.572	0.435	0.770	0.565	0.097	0.182	0.534
a3	b1	0.256	0.318	0.807	0.263	0.360	0.731	0.378	0.422	0.898

（续）

地区	集群类型	2010年			2011年			2012年		
		综合效率	技术效率	规模效率	综合效率	技术效率	规模效率	综合效率	技术效率	规模效率
a3	b1	0.202	0.207	0.976	0.316	0.484	0.654	0.334	0.468	0.713
a3	b4	0.267	0.318	0.841	0.272	0.320	0.851	0.270	0.303	0.891
a3	b4	0.258	0.364	0.709	0.227	0.307	0.741	0.259	0.304	0.853
a3	b4	0.205	0.298	0.689	0.197	0.291	0.678	0.194	0.278	0.697
a3	b1	0.333	0.707	0.471	0.285	0.314	0.908	0.325	0.348	0.936

注：农业产业集群类型包括园区载体型（b1）、企业带动型（b2）、县域发展型（b3）、产业依托型（b4）；地区分为东部（a1）、中部（a2）和西部（a3）。

第五章 农业龙头企业技术效率的时空演变与地区收敛

鉴于中国地域辽阔，各地自然气候、农业资源具有明显差异，且各地经济环境等外部条件明显不同，农业龙头企业的外部生存环境存在差异，各农业龙头企业的规模、行业特点和管理能力等也存在差异，均导致农业龙头企业的技术效率表现出明显的地域性变化。为了把握农业龙头企业的技术效率变化特征，少量学者针对农业领域企业的技术效率进行测度，但所使用的样本相对较少，不能代表中国农业龙头企业的整体情况。本章主要使用740家农业龙头企业2007—2013年的相关数据，利用随机前沿生产函数模型对农业龙头企业技术效率进行测度，在此基础上，分别从地区、行业、企业规模、产业集群内外等多个角度，比较中国农业龙头企业技术效率。参照彭国华（2005）和孔祥智等（2016）的研究，借鉴α收敛、绝对β收敛和条件β收敛检验农业龙头企业技术效率是否发生收敛，收敛速度如何。

5.1 测度农业龙头企业技术效率的方法

随机前沿生产函数被广泛用于分析技术效率，其既能够直接测度技术效率，又能分析相关因素对技术效率损失的影响（司伟，王济民，2011）。随机前沿生产函数模型的估计方法有一步估计法和两步估计法。两步估计法中第一步估计的结果是有偏的，这是由于两步估计时对技术效率分布的假设不同，Coelli（1996）与Battese、Coelli（1995）在此前基础上改进了估计方法，后来逐渐采用一步法来估计生产单位的技术效率及其影响因素。

其基本表达式如下：

$$y_{it}=f\ (\boldsymbol{X}_{it}\ ,\ t;\ \beta_{it})\ \exp\ (v_{it}\ ,\ u_{it}) \qquad (5-1)$$

式中，$i=1,2,\cdots,I$；$t=1,2,\cdots,T$；y_{it} 表示 i 单位 t 年产出；$\boldsymbol{X}_{it}$ 表示与 y_{it} 相对应的 i 单位 t 年的投入向量；$\boldsymbol{\beta}_{it}$ 为随机前沿生产函数的待估计系数向量；v_{it} 为随机扰动项，表示生产中不可控因素引起的实际产出和可能前沿产出之间的差距，且服从正态分布，均值为0，方差为 σ_v^2，且独立于 u_{it}；u_{it} 为 i 单位 t 年的技术效率损失的非负随机变量，表示生产单位可控因素对技术效率的影响，技术应用不适宜或未充分利用技术而引起的实际产出与可能前沿产出之间的差距，u_{it} 服从于均值为 m_{it} 、方差为 σ_u^2 的半正态分布。$m_{it}=\boldsymbol{Z}_{it}\boldsymbol{\alpha}$ ，为效率损失参数，其中 $\boldsymbol{Z}_{it}$ 为对技术效率损失的产生影响的向量，$\boldsymbol{\alpha}$ 为对应的待估计系数向量。

根据经验研究，本章构建如下随机前沿生产函数形式，采用式（5－2）测算农业龙头企业的技术效率，并证实农业龙头企业是否存在技术效率损失。

$$\ln y_{it}=\beta_0+\sum_m\beta_m\ln x_{mit}+\frac{1}{2}\sum_m\sum_n\beta_{mn}\ln x_{mit}\ln x_{mit}+\sum_m\beta_{tm}t\ln x_{mit}+\frac{1}{2}\beta_t t^2+\beta_t t+v_{it}-u_{it} \tag{5-2}$$

式中，y_{it} 表示 i 企业 t 年的销售收入；x_{mit} 表示 i 单位 t 年第 m 种投入要素（资本和劳动力）；t 表示技术效率变化的时间趋势，β 表示各投入要素所对应的待估计参数，v_{it} 、u_{it} 具体含义同式（5－1）。

农业龙头企业技术效率测度，在投入指标方面，与已有文献的普遍处理相同，选取企业销售收入表示产出水平，主要原因是农业龙头企业当年的生产销售比均在 97%以上，资产和劳动力分别采用资产总额和劳动力工资总额表示。对三者之间的关系进行皮尔逊检验，检验结果证实，三者确实存在相关关系，适合进行技术效率测度。

农业龙头企业的相关指标数据来源于农业部产业化办公室对农业龙头企业的第四次、第五次和第六次监测，企业样本选取主要基于第四次监测农业龙头企业，扣除重要变量缺失的样本，共涉及 740 家农业龙头企业，2007—2013 年，共获得 5 180 个年度数据样本。所选样本能够代表 1 245 家农业龙头企业的状况。

为判断柯布-道格拉斯（CD）生产函数和超越对数生产函数（Translog）哪个更适合模型，采用最大似然比值进行检验，检验结果显示，采用超越对数生产函数比其他类型的生产函数更能反映农业龙头企业的投入产出关系。γ 通过 1%显著性水平检验，表明农业龙头企业生产过程存在技术效率损失。本章使用 Frontier4.1 软件，采用一步回归法（Schmidt，2011）估计，模型估计结果如表 5－1 所示。

表 5－1　随机前沿生产函数模型结果

解释变量	系数	标准差	T 统计量	系数	标准差	T 统计量
常数项	7.931 4***	0.470 0	16.874 0	7.833 8***	0.407 3	19.235 4
$\ln_{1mt}$	0.187 9***	0.066 3	2.834 3	0.188 2***	0.060 9	3.087 8

（续）

解释变量	系数	标准差	T统计量	系数	标准差	T统计量
$\ln_{2mt}$	−0.357 5***	0.061 1	−5.852 0	−0.340 7***	0.058 8	−5.793 9
$\ln^2_{1mt}$	0.030 5***	0.002 8	10.984 2	0.031 2***	0.002 8	11.262 8
$\ln^2_{2mt}$	0.054 8***	0.004 2	13.194 4	0.054 7***	0.004 0	13.714 6
$\ln_{1mt}\ln_{2mt}$	−0.033 1***	0.006 2	−5.356 8	−0.034 4***	0.006 1	−5.639 7
$t\ln_{1mt}$	−0.015 1*	0.009 4	−1.603 8	−0.015 2*	0.009 2	−1.640 9
$t\ln_{2mt}$	0.019 6	0.013 5	1.457 0	0.019 3	0.013 3	1.452 7
t	0.024 4	0.028 4	0.857 2	0.027 0	0.028 5	0.944 9
t^2	−0.003 5	0.007 2	−0.485 9	−0.004 4	0.007 2	−0.608 4
δ^2	1.304 5***	0.100 9	12.923 2	1.405 7***	0.153 1	9.184 6
γ	0.693 4***	0.026 9	25.795 2	0.714 7***	0.032 3	22.113 9

注：*、**、*** 分别表示 10%、5%、1%显著性水平。

从随机前沿生产函数模型结果可以看出，除时间趋势变量以外，其他变量对农业龙头企业产出均通过显著性水平检验，但资本投入和劳动力投入对农业龙头企业产出的影响相反，其劳动力投入的影响大于资本投入的影响，且劳动力和资本存在一定程度的替代作用。

5.2 农业龙头企业技术效率的时空演变

5.2.1 总体样本技术效率比较

农业龙头企业技术效率总体较高，技术效率相对低的企业主要集中在西部地区。农业龙头企业技术效率大于 0.7 的样本量为 3 289 个，占样本总量的 63.49%，东部、中部和西部地区样本量分别为 1 642 个、1 314 个和 333 个；农业龙头企业技术效率大于 0.8 的样本共有 1 675 个，西部地区仅有 87 个；农业龙头企业技术效率大于 0.9 的样本中，西部地区则没有；技术效率低于 0.5 的样本总量为 656 个，仅占样本总量的 12.66%，东部、中部和西部地区样本量分别为 58 个、15 个和 583 个，农业龙头企业技术效率低的企业主要集中在西部地区。可见农业龙头企业技术效率高的样本均集中在东部地区和中部地区，西部地区农业龙头企业的技术效率偏低，技术效率的样本分布情况如表 5－2 所示。

表 5-2　5 180 个企业样本技术效率分布

技术效率范围	东部	中部	西部	样本合计
(0.0，0.4]	19	8	321	348
(0.4，0.5]	39	7	262	308
(0.5，0.6]	121	29	284	434
(0.6，0.7]	321	147	333	801
(0.7，0.8]	808	490	246	1 544
(0.8，0.9]	795	793	87	1 675
(0.9，1.0]	39	31	0	70

5.2.2　产业集群内外龙头企业技术效率比较

从不同行业来看，粮食类龙头企业技术水平最高，畜牧类次之，其他类型的龙头企业技术效率水平最低，三者分别为 0.755、0.715、0.670。从时间维度来看，粮食类和畜牧类龙头企业的技术效率总体上呈波动上升的趋势，粮食类龙头企业技术效率 2011 年达到最大值，畜牧类龙头企业技术效率 2008 年达到极值点为 0.717。从不同行业技术效率的方差可以看出，与畜牧类和其他行业企业相比，粮食类龙头企业的技术效率波动较小，可能原因在于粮食类龙头企业的产品价格比畜牧类和其他类型的龙头企业更为稳定，市场波动对粮食类龙头企业的冲击较小。

从农业龙头企业是否在集群来看，农业产业集群内的农业龙头企业技术效率明显高于产业集群外的，两者分别为 0.74 和 0.69。农业产业集群内的粮食类、畜牧类和其他类龙头企业的平均技术效率为 0.774、0.738、0.712，分别比产业集群外的龙头企业技术效率高 0.025、0.036、0.054，如表 5-3 所示。产业集群内外的粮食类龙头企业的技术效率差异最小，畜牧类和其他类产业龙头企业技术效率表现出较大的不同，这与畜牧类和其他类龙头企业在产业链条上、下游的紧密协作有关，对资本密集度和技术密集度的要求更高可能是其中的原因。从各年份农业龙头企业的技术效率来看，集群内外的龙头企业技术效率表现出上述特征，但是不同的年份其差异程度不同。

表 5-3　2007—2013 年农业龙头企业平均技术效率变动趋势

年份	产业集群内			产业集群外			总体		
	粮食	畜牧	其他	粮食	畜牧	其他	粮食	畜牧	其他
2007	0.765	0.727	0.721	0.738	0.697	0.655	0.744	0.705	0.668
2008	0.780	0.749	0.721	0.750	0.706	0.656	0.757	0.717	0.669

（续）

年份	产业集群内			产业集群外			总体		
	粮食	畜牧	其他	粮食	畜牧	其他	粮食	畜牧	其他
2009	0.772	0.734	0.700	0.746	0.700	0.653	0.751	0.709	0.663
2010	0.775	0.738	0.707	0.751	0.703	0.663	0.756	0.711	0.672
2011	0.784	0.750	0.714	0.756	0.702	0.664	0.762	0.714	0.674
2012	0.774	0.737	0.710	0.751	0.702	0.656	0.756	0.711	0.667
2013	0.771	0.732	0.714	0.751	0.704	0.655	0.755	0.711	0.667
均值	0.774	0.738	0.712	0.749	0.702	0.658	0.754	0.711	0.668
样本量	41	54	66	151	161	267	192	215	333

5.2.3 基于不同产业集群类型的技术效率比较

从不同产业集群类型来看，不同类型的产业集群技术效率存在差异，其他类型产业集群的农业龙头企业技术效率相对较高，高于园区载体型和产业依托型内部的农业龙头企业，分别为 0.770、0.741 和 0.692。从同一产业集群内不同产业部门的技术效率来看，园区载体型内的粮食类企业技术效率高于畜牧类和其他类龙头企业，分别为 0.774、0.757、0.705；产业依托型内部的粮食类龙头企业技术效率高于其他类和畜牧类龙头企业，分别为 0.786、0.707、0.593；其他类型内部的产业部门间企业技术效率的差异不明显，畜牧类龙头企业技术效率（0.785）略高于粮食类龙头企业（0.766），如表 5-4 所示。

表 5-4　2007—2013 年不同产业集群类型的企业技术效率比较

年份	园区载体型				产业依托型				其他类型			
	小计	粮食	畜牧	其他	小计	粮食	畜牧	其他	小计	粮食	畜牧	其他
2007	0.739	0.763	0.748	0.715	0.683	0.780	0.543	0.716	0.773	0.760	0.790	0.754
2008	0.748	0.778	0.760	0.709	0.698	0.791	0.604	0.718	0.784	0.775	0.807	0.753
2009	0.732	0.781	0.743	0.707	0.684	0.730	0.602	0.691	0.769	0.782	0.791	0.726
2010	0.737	0.777	0.753	0.705	0.696	0.792	0.601	0.698	0.766	0.751	0.786	0.742
2011	0.750	0.786	0.769	0.700	0.701	0.799	0.626	0.710	0.772	0.762	0.786	0.756
2012	0.741	0.768	0.764	0.700	0.693	0.802	0.592	0.706	0.762	0.770	0.770	0.745
2013	0.741	0.763	0.762	0.700	0.691	0.807	0.585	0.711	0.761	0.764	0.763	0.755
均值	0.741	0.774	0.757	0.705	0.692	0.786	0.593	0.707	0.770	0.766	0.785	0.746
样本量	92	26	28	38	34	7	9	18	35	8	17	10

5.2.4 基于不同地区的农业龙头企业技术效率比较

从不同地区来看，农业龙头企业技术效率的差异较为明显，中部地区农业龙头企业的平均技术效率最高为 0.785，高于东部的 0.754 和西部地区的 0.556，西部地区农业龙头企业技术效率远低于中国整体平均水平（0.705）。与西部地区相比，中部地区农业资源较丰富，且具有区位优势；与东部地区相比，中部地区农业龙头企业用工成本及原料采购成本相对较低。与中部和西部地区相比，东部地区企业用地、用工成本及原料采购成本较高，但更重视企业的科技创新及推广。

从时间上来看，中部、西部地区农业龙头企业技术效率增长趋势不明显，东部地区呈现微弱的递减趋势。东部地区龙头企业技术效率水平最高值出现在 2008 年，在 2009 年出现大幅下降，可能的原因在于 2008 年金融危机对东部地区农业龙头企业经营产生较大冲击（王玉斌 等，2010）。与其他地区相比，虽然西部地区的农业龙头企业的技术效率较低，但表现出稳步增长趋势，2007 年西部地区农业龙头企业技术效率为 0.548，2013 年上升到 0.561，如表 5－5 所示。

表 5－5 2007—2013 年不同地区农业龙头企业技术效率比较

年份	总体	东部	中部	西部
2007	0.701	0.758	0.776	0.548
2008	0.708	0.763	0.783	0.560
2009	0.702	0.751	0.789	0.547
2010	0.704	0.752	0.788	0.553
2011	0.710	0.756	0.789	0.567
2012	0.704	0.751	0.786	0.560
2013	0.704	0.749	0.787	0.561
最小值	0.000	0.000	0.012	0.000
最大值	0.918	0.918	0.911	0.874
均值	0.705	0.754	0.785	0.556
标准差	0.160	0.105	0.093	0.174

2007—2013 年农业龙头企业技术效率均值为 0.705，这表明农业龙头企业投入要素的利用效率依然不够高，农业龙头企业的实际产出与由生产前沿面决定的最优产出之间存在差距。在不改变投入要素组合和技术水平的情况下，如果能降低技术效率损失，整体来看，农业龙头企业技术效率还有近 30％的提升空间。

5.2.5 基于不同规模的农业龙头企业技术效率比较

将农业龙头企业按照资产总额大小分为四类：大规模（20亿元以上）、中等规模（10亿～20亿元）、中小规模（5亿～10亿元）及小规模（5亿元以下）。小规模的农业龙头企业数量有309家，占样本量的43%左右。大规模农业龙头企业技术效率最高，其次为中小规模农业龙头企业，小规模农业龙头企业技术效率水平最低，这可能与小规模农业龙头企业中低技术效率的企业相对集中有关，说明农业龙头企业技术效率的提升和企业规模有一定关系。整体来看，不同规模内部农业龙头企业技术效率的差异不大，但是，小规模农业龙头企业之间技术效率差异较大，其标准差为0.175，均大于其他3组，大规模农业龙头企业之间的技术效率差异较小，如表5-6所示。

表5-6　2007—2013年不同规模的农业龙头企业技术效率比较

年份	小规模	中小规模	中等规模	大规模
2007	0.657	0.714	0.705	0.770
2008	0.662	0.726	0.717	0.775
2009	0.656	0.721	0.704	0.769
2010	0.656	0.722	0.722	0.765
2011	0.664	0.731	0.724	0.767
2012	0.656	0.721	0.721	0.769
2013	0.658	0.719	0.718	0.768
样本量	309	155	114	162
最小值	0.000	0.080	0.000	0.190
最大值	0.908	0.907	0.911	0.918
均值	0.658	0.722	0.716	0.769
标准差	0.175	0.142	0.147	0.122

大规模农业龙头企业的技术效率呈现出逐渐下降的趋势，而中小规模和中等规模农业龙头企业技术效率表现出较为一致的趋势，且其技术效率最高值均出现在2011年，而小规模农业龙头企业技术效率呈现出先下降后上升的趋势。

5.3 农业龙头企业技术效率的地区收敛分析

5.3.1 收敛性分析

经济中的收敛性分析源自于经济增长理论关于资本边际报酬递减和规模报

酬不变的条件下的推论，用于分析不同地区之间的经济差距随时间变化的趋势。根据 Barro 等（1991），收敛性分析主要分为 α 收敛和 β 收敛，其中 β 收敛按照反映整体收敛情况与个体收敛过程又分为绝对 β 收敛和条件 β 收敛。除此之外，还有随机收敛和俱乐部收敛，但这两种检验需要较长的时间序列数据，由于本章研究时间长度有限，因此，本章采用 α 收敛和 β 收敛来分析差异变化，再通过绝对收敛进行进一步验证。收敛分析着重分析技术效率的差异，如果存在收敛性，则说明技术效率差异会随着时间的推移逐渐变小。

5.3.2 收敛性结果分析

1. α 收敛

α 收敛用来考量样本经济指标的差距随着时间是否呈现逐渐降低趋势。通常采用标准差、变异系数、基尼系数、赫芬达尔指数等反映差距的变化情况，本研究 α 收敛采用变异系数对农业龙头企业技术效率进行检验，分析农业龙头企业技术效率的收敛性特征。本章 α 收敛分析采用变异系数（Coefficient of Variation，简写为 CV）表示，σ 为标准差，μ 为均值，则 $\alpha=CV=\frac{\sigma}{\mu}$。其中

$$\sigma=\sqrt{\frac{1}{m-1}\sum_{i=1}^{m}(TE_{it}-\overline{TE}_{t})^{2}} \tag{5-3}$$

式中，m 代表农业龙头企业数量，TE_{it} 是第 i 个农业龙头企业在 t 时期的技术效率，$\overline{TE}_t$ 是 t 时期技术效率的平均值。如果存在 $\alpha_{t+1}<\alpha_t$，即变异系数有随着时间逐渐减小的趋势，表明不同龙头企业之间的技术效率水平越来越接近。

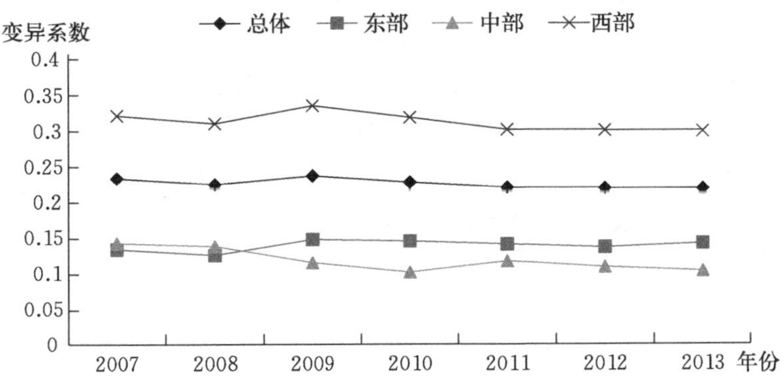

图 5-1 2007—2013 年不同地区农业龙头企业技术效率变异系数统计值

农业龙头企业技术效率没有表现出明显的 α 收敛，如图 5-1 所示。从技术效率变异系数的趋势来看，农业龙头企业技术效率的差异表现为有升有降的过程，全国范围内的农业龙头企业技术效率的变异系数变化幅度较小，在

0.20～0.25。根据图 5-1 将龙头企业技术效率的波动分为两个阶段，2007—2009 年之间呈现出略微上升的过程，此段时间技术效率的差异有逐渐扩大的趋势，说明农业龙头企业的技术效率之间的差异有扩大的现象。2009—2013 年之间表现较为平稳，呈现略微下降的趋势，有一定的趋同性。

从不同地区来看，西部地区农业龙头企业技术效率的变异系数显著高于东部和中部地区，西部地区农业龙头企业之间的技术效率差距较大。中部地区的农业龙头企业技术效率的变异系数波动下降，表现出了一定的收敛趋势。西部地区和中部地区的农业龙头企业技术效率变异系数波动趋势较为一致，2013 年农业龙头企业的技术效率变异系数与 2007 年相比均略有下降。

根据收敛原理，如果农业龙头企业技术效率存在收敛性，表明影响农业龙头企业技术的其他因素有利于缩小高技术效率企业和低技术效率企业之间的差距；如果技术效率不存在收敛性，说明促进农业龙头企业发展的政策及自身的因素，将加大农业龙头企业间技术效率的差距，中部地区农业龙头企业的技术效率收敛趋势最明显，这可能与近几年中部地区省份出台促进农业产业发展的政策有一定关系。

2. 绝对 β 收敛

绝对 β 收敛指不同地区农业龙头企业技术效率经过一段时间能达到相同的稳态水平。针对农业龙头企业技术效率，通过绝对 β 收敛性检验研究各地区农业龙头企业技术效率能否向某一稳定值趋同，即不同地区技术效率的增长率与期初的技术效率水平负相关。其假定是除了期初企业之间的资本有所差异，其他条件均相同。根据绝对 β 收敛的计算公式，分别对中国整体及三大地区进行绝对 β 收敛性检验，检验方程如下：

$$(\ln TE_{nt} - \ln TE_{n0})/7 = \alpha + \beta \ln TE_{n0} + \varepsilon \qquad (5-4)$$

式中，$\ln TE_{n0}$ 是基期农业龙头企业的技术效率，$\ln TE_{nt}$ 是报告期农业龙头企业技术效率，表示样本报告期到基期的技术效率的收敛速度，7 表示时间跨度（2007—2013 年），α 和 β 是待估计参数，ε 表示误差项。当 β 为负，说明存在绝对 β 收敛，各区域的绝对 β 收敛的估计结果如表 5-7 所示。

表 5-7　技术效率增长率的绝对 β 收敛检验

变量	总体	东部	中部	西部
$\ln TE_{n0}$	-0.065^{***} (0.003)	-0.049^{***} (0.006)	-0.131^{***} (0.003)	-0.060^{***} (0.007)
常数项	−0.024 (0.002)	−0.016 (0.002)	−0.032 (0.001)	−0.036 (0.006)
Adj R	0.333 9	0.158 8	0.890 0	0.230 9

注：括号内为标准差，*、**、*** 分别表示估计值在 10%、5%和 1%的显著水平上显著。

表5-7显示采用OLS回归方法的农业龙头企业技术效率的绝对β收敛性检验结果。结果显示，中国整体及各地区农业龙头企业技术效率绝对β收敛，中国总体、东部、中部和西部地区的β值分别为－0.065、－0.049、－0.131和－0.060，且均通过1%的显著性水平检验。2007—2013年，东部、中部和西部地区及中国整体的农业龙头企业的技术效率均存在共同收敛趋势，不同地区的龙头企业技术效率也趋向于稳定水平。

数据显示，中部地区的农业龙头企业技术效率的收敛速度明显高于西部和东部地区，说明技术效率低的农业龙头企业追赶技术效率高的企业，即存在“追赶效应”，但是各地区农业龙头企业的技术效率仍将存在一定差异。

3. 条件β收敛

条件β收敛将经济体自身的特征和条件纳入考虑，若待估计系数显著为负，表示不同区域龙头企业技术效率向本地区的稳态水平趋近，绝对β收敛和条件β收敛通过显著性检验，表示龙头企业技术效率均趋向稳定；绝对β收敛中所有龙头企业技术效率的稳态水平相同，而条件β收敛中龙头企业技术效率稳态水平存在差异，表明龙头企业技术效率的差距会一直存在。

借鉴彭国华（2005）和李健等（2015）的相关研究，本部分将检验条件收敛的模型设定如下形式：

$$d(\ln TE_t) = \ln TE_{it} - \ln TE_{it-1} = \alpha + \beta \ln TE_{it-1} + \varepsilon_{it} \quad (5-5)$$

式中，d表示差分过程，前后两期农业龙头企业技术效率对数相减，i和t分别代表地区和年份，ε_{it}代表随机扰动项。收敛检验过程，先采用固定面板效应进行分析，选择固定效应的原因是其允许个体异质性与解释变量存在相关关系。对绝对β收敛和条件β收敛模型的赫斯曼检验结果均显示（P值等于0），拒绝使用随机效应模型的原假设，条件β收敛的估计结果如表5-8所示。所有估计系数均为负值，在不同地区的模型中系数β均在1%的水平上显著。回归结果表明，不同地区的农业龙头企业的技术效率条件β收敛都显著。

表5-8　技术效率条件β收敛检验

变量	总体	东部	中部	西部
$\ln TE_{it-1}$	－0.951*** (0.016)	－1.163*** (0.025)	－0.494*** (0.023)	－0.831*** (0.029)
常数项	－0.372 (0.007)	－0.352 (0.010)	－0.121 (0.007)	－0.542 (0.021)
样本量	4 440	1 836	1 290	1 314

注：括号内为标准差，*、**、***分别表示估计值在10%、5%和1%的显著水平上显著。

由表 5-8 中结果可以知道，不同地区的农业龙头企业技术效率条件 β 收敛的回归结果均为负值，且均通过了 1%的显著性检验，说明不同地区的农业龙头企业技术效率均存在条件 β 收敛的特征，这意味着如果能够完全提供趋同所需要的条件，技术效率较低的农业龙头企业就能追赶上技术效率水平较高的农业龙头企业，从而避免出现各区域农业龙头企业技术效率水平差异不断扩大的情况。

5.4 小结

本章通过对 740 家国家级农业龙头企业技术效率进行测度，并从不同角度就农业龙头企业技术效率进行比较和分析，在此基础上，对农业龙头企业技术效率的收敛性进行分析，其结果显示，各年份间农业龙头企业技术效率差异不大，且未出现一致性变动趋势；从总体来看，农业龙头企业的技术效率水平较高，但是不同地区的龙头企业技术效率差异较大，西部地区的农业龙头企业技术效率远远低于中部和东部地区，粮食类龙头企业技术效率高于畜牧类和其他类龙头企业，大规模农业龙头企业技术效率平均水平比中等及中等以下规模的高。产业集群内的农业龙头企业技术效率水平高于产业集群外的。

第六章 产业集群对农业龙头企业技术效率的影响

农业产业集群是从产业集群分化出来的，是产业集群在农业生产中的具体应用。农业产业集群以传统农业为基础，是由农户、企业及市场形成的相互紧密联系的群体。已经认定的209个农业产业集群，基本形成一二三产互动、融合发展的新格局，集群规模化水平、产业化水平、科技水平随之提升，农业产业集群集聚效应凸显。本章根据2007—2013年国家级农业龙头企业数据，构建随机前沿生产函数模型，分析产业集群对农业龙头企业技术效率的影响，同时考察了其他因素对农业龙头企业技术效率的影响。

6.1 农业龙头企业情况简述

农业龙头企业在促进农业行业发展、保障农产品有效供给等方面有突出作用。但是不少企业存在非农化或多元化经营，而且与其他行业同等规模大小的企业相比，农业龙头企业净资产报酬率明显较低，农业龙头企业自身的经营效率一般，这可能与农业弱质性及农业龙头企业所承担的过多社会责任有关。

农业产业集群是农业产业化发展的方向，农业产业集群对农业龙头企业技术效率的影响需要深入探讨。规模经济理论表明，不管是对农业产业集聚区还是企业而言，均存在最佳状态，规模过大或过小均不能使得企业技术效率达到最优，农业产业集群的形成可以催生新的农业企业，良好的氛围能促进集群内农业企业的发展壮大。本章将重点讨论、分析农业产业集群是否对农业龙头企业技术效率产生影响，不同类型的产业集群对农业龙头企业的技术效率产生怎么样的影响?

6.2 实证模型与数据来源

6.2.1 实证模型

本章在上一章前沿生产函数一步回归的基础上，就产业集群对农业龙头企业技术效率的影响进行分析，回归方程如式（6-1）所示。

$$m_{it}=Z_0+\sum_{i}\alpha_{it}\times Z_{cit}+\varepsilon_t \quad (6-1)$$

式中，m_{it} 为因变量表示 i 企业 t 年的技术效率损失，Z_0 表示常数项，Z_{cit} 表示影响 i 企业 t 年技术效率损失的 c 变量，ε_t 表示随机扰动项。

6.2.2 变量设置

按照研究设计，产业集群通过两个变量加以衡量，一是农业产业集群度，参照 Hoover 系数（Hoover，1936）、路江涌和陶志刚（2006）等研究，一般来看，农业产业集群度越高，农业龙头企业技术效率就会越高；二是企业所在地是否为农业产业化示范基地，相对来说农业产业化示范基地内部企业关联性强，可以共享公共服务平台，产业集群度更高，因而，农业产业化示范基地内和基地外的企业技术效率存在差异。本章选取其他变量作为主要控制变量，参照现有研究文献（姚洋，章奇，2001；唐德祥 等，2008），影响农业龙头企业技术效率的变量的选取主要包括：企业职工人数、农业龙头企业是否为上市公司、董事长与总经理是否合职（即董事长和总经理是否由同一人担任，下同）、广告促销投入、城镇化水平、带动农户数、研发投入、地区差异和企业性质。

（1）**企业职工人数**。农业龙头企业的职工可以分为两类，固定用工和季节性用工，由于农业的自然特性，在某些农业龙头企业，季节性用工人数可能高于固定用工人数，在此我们以固定用工人数表示职工人数。企业职工人数能够反映企业规模的大小，一般来说，企业规模越大，企业实力越强，企业技术效率水平也就越高。

（2）**农业龙头企业是否为上市公司**。与非上市农业龙头企业相比，上市的农业龙头企业在管理能力、筹资能力和运营能力方面较强，其技术效率水平可能较高。相对于非上市公司而言，农业上市公司的非农化趋势更加明显，非农化或多元化经济可能使得农业上市公司的技术效率提升。农业类上市公司占样本总量的 12.3%，高于国家级农业龙头企业总体的比重。

（3）**董事长与总经理是否合职**。该变量对农业龙头企业技术效率的影响不确定，与企业的规模有一定关系（Larcker，Tayan，2016），参照贾伟和秦富（2013）对农业龙头企业的研究，农业龙头企业规模较小时，董事长与总经理合职对农业龙头企业绩效的影响为正；农业龙头企业规模较大时，职务分离对农业龙头企业绩效的影响为正。数据显示，约有 45.9%农业龙头企业的董事长和总经理合职。

（4）**广告促销投入**。广告投入增加，农业龙头企业销售收入增加，将会进一步带动企业的生产能力提升，广告促销投入越高，其技术效率水平可能越高。数据显示，平均每家农业龙头企业广告促销投入仅占企业销售收入的 0.256%。

（5）城镇化水平。城镇化使得农村劳动力不断从农业生产中释放出来，逐步成为产业工人，且促进土地流转，有利于实现土地规模化经营；城镇化水平的提高使得农业龙头企业雇佣职工和获得原材料更加便利，对技术效率产生正向影响。整体来看，农业龙头企业所在地的城镇化率均值为 50.967%，这基本与 2009—2013 年城镇化率的均值一致。数据显示，2009 年和 2013 年我国城镇化率的均值分别为 46.6%和 53.7%。

（6）带动农户数。农业产业化部门采用带动农户数作为企业是否具有社会责任的重要标志。企业带动农户数越多，与农户建立的利益联结机制越紧密，越易于获得数量稳定、品质优良的原材料，有利于企业资源的优化配置，平均每个国家级农业龙头企业带动农户数为 26 291 户，这反映出农业龙头企业的带动能力较强，企业与农户之间建立了利益联结机制。

（7）研发投入。研发投入具有两大功能，发明创新和提高企业的吸收能力（Cohen，Levinthan，1989）。研发投入可以提升企业的技术效率（戴觅，余淼杰，2011；汤二子，孙振，2012）。总体上，农业龙头企业研发投入较低，加工技术相对落后，多数仅处于粗加工阶段，研发投入增加，可能更利于农业企业的技术效率改进，提高企业的技术效率。

（8）地区差异。不同地域资源禀赋水平差异明显，东部和中部地区在资源禀赋、经济实力、区位优势等方面均优于西部地区，东部和中部地区农业龙头企业技术效率应高于西部地区。

（9）企业性质。国有和非国有企业具有不同的激励、监督和约束机制，企业性质不同意味着企业在投资、融资等方面享受不同的待遇，非国有企业比国有企业更加注意提高企业技术效率（钱颖一，1999）。农业龙头企业性质主要有国有、集体、民营、港澳台资和外资等，若把国有和集体合并为国有，其他合并为非国有，则国有农业龙头企业样本占样本总量的 18.92%，非国有企业在农业龙头企业的地位较为突出。非国有农业企业在解决就业、引入先进生产要素方面有重要作用。

6.2.3　样本情况

本章所使用的数据均来自农业部农业产业化重点龙头企业监测，与第五章相符。从地区分布来看，东部、中部和西部地区农业龙头企业数量分别为 306 家、215 家和 219 家，分别占样本总量的 41.35%、29.06%、29.59%；从行业分布来看，粮食类、畜牧类和其他类龙头企业数量分别为 192 家、215 家和

333 家，分别占样本总量的 25.94%、29.05%、45.00%。与现有的 1 245 家国家级农业龙头企业的地区和行业分布状况基本相似，样本具有广泛的代表性。农业产业集群度计算的过程中，主要指标如农业产业总值、地区产业总值、城镇人口比重等数据来源于《中国统计年鉴》和国研网（http://data.drcnet.com.cn/），各变量统计性描述如表 6-1 所示。

表 6-1　变量定义及描述性统计

变量名称	变量符号	变量赋值	均值	标准差	预期符号
企业销售收入	$\ln y_{it}$	i 企业 t 年销售收入对数	11.134	1.261	+
资产总额	$\ln x_{1it}$	i 企业 t 年资产总额对数	11.009	1.216	+
职工工资总额	$\ln x_{2it}$	i 企业 t 年职工工资总额对数	7.729	1.319	+
职工人数	Z_{1it}	i 企业 t 年职工人数对数	7.194	1.161	+
是否为上市公司	Z_{2it}	i 企业 t 年是否为上市公司（是=1，不是=0）	0.123	0.329	+
董事长与总经理是否合职	Z_{3it}	i 企业 t 年董事长与总经理是否合职（合职=1，不合职=0）	0.459	0.498	?
东部地区	Z_{4it}	i 企业 t 年是否位于东部地区（东部=1，其他=0）	0.412	0.492	+
中部地区	Z_{5it}	i 企业 t 年是否位于中部地区（中部=1，其他=0）	0.298	0.457	+
产业集群度	Z_{6it}	i 企业 t 年所在城市农业产业集群度	1.028	0.359	+
广告促销投入	Z_{7it}	i 企业 t 年广告促销投入对数	5.167 0	2.537 0	+
城镇化水平	Z_{8it}	i 企业 t 年所在城市城镇化率	50.967 0	12.264 0	+
带动农户数	Z_{9it}	i 企业 t 年带动农户对数	10.177 0	1.606 0	+
研发投入	Z_{10it}	i 企业 t 年研发投入对数	5.356 0	2.244 0	+
是否为农业产业化示范基地内企业	Z_{6it}	i 企业 t 年是否位于示范基地内（在内=1，其他=0）	0.252 0	0.434 0	+
企业性质	Z_{11it}	i 企业 t 年企业所有权性质（国有企业=1，其他=0）	0.189 2	0.391 9	?

从740家农业龙头企业销售收入的均值来看，企业销售收入呈现出增加的趋势。2007年和2009年农业龙头企业销售收入呈现增长趋势，年均增长速度为16.65%，2007—2013年农业龙头企业平均销售收入分别为12.25亿元和35.99亿元。农业龙头企业资产总额、职工工资总额同样呈现出增加的趋势，2007—2013年两者平均增长速度分别达到20.29%、14.91%；农业龙头企业所吸纳的职工人数不断增加，2013年农业龙头企业平均吸纳的职工人数为3 361.48人；企业广告促销投入明显增长，年均增长速度为12.58%，但其占销售收入的比重相对较小，2013年该比重不足1%；农业龙头企业带动农户数量持续增加，年均增长速度为5.68%，2013年农业龙头企业平均带动农户数达到11.3万户；农业龙头企业研发投入呈现波动趋势，2008年农业龙头企业平均研发投入额最高，为1 982.92万元，之后呈现波动下降，2013年农业龙头企业平均研发投入额仅为1 024.02万元，仅占当年农业企业销售收入的0.28%（表6-2）。

表6-2　2007—2013年农业龙头企业主要指标状况

年份	企业销售收入（亿元）	资产总额（亿元）	职工工资总额（万元）	职工人数（人）	广告促销投入（万元）	城镇化率（%）	带动农户数（户）	研发投入（万元）
2007	12.25	10.47	4 099.33	2 615.27	1 315.90	47.29	76 843.75	1 624.09
2008	14.33	11.89	4 734.67	2 902.77	1 644.86	48.42	85 916.44	1 982.92
2009	14.53	14.40	4 834.04	2 827.48	1 758.95	49.40	93 672.19	1 969.20
2010	18.93	18.02	6 193.66	2 796.34	2 634.26	51.19	114 739.28	1 096.18
2011	23.20	20.36	7 313.58	3 010.11	3 018.81	52.46	128 273.98	1 419.24
2012	32.48	33.79	9 307.02	3 264.87	2 783.00	53.77	121 580.02	965.92
2013	35.99	38.16	10 841.63	3 361.48	3 016.36	54.82	113 096.41	1 024.02
增长率（%）	16.65	20.29	14.91	3.65	12.58	2.13	5.68	−6.38

数据来源：作者根据2007—2013年740家农业龙头企业数据整理而得，增长率表示2007—2013年的平均增长速度。

从各地区来看，农业产业集群度较高，整体变化幅度不大，基本集中在均值附近。以各地区农业产业集群度的均值来看，中部地区的农业产业集群度明显高于东部和西部地区，东部和西部地区的农业产业集群度基本相等。从各地区农业产业集群度的标准差来看，中部地区各地的农业产业集群度的差异最小。从各地区农业产业集群度的时间趋势来看，基本呈现出波动状态，其中2010年的农业产业集群度最高，东部、中部和西部地区农业产业集群度分别达到1.102 6、1.185 6和1.131 7。见表6-3。

表 6-3 农业产业集群度分布

地区	年份	均值	标准差	最小值	最大值
东部	2007	1.019 5	0.388 8	0.227 8	2.422 2
	2008	0.989 0	0.389 6	0.204 0	2.417 9
	2009	1.004 9	0.399 4	0.195 1	2.448 5
	2010	1.102 6	0.459 6	0.179 5	2.566 8
	2011	0.979 2	0.417 8	0.151 0	2.705 2
	2012	0.971 1	0.422 4	0.138 8	2.807 4
	2013	0.967 8	0.427 4	0.127 9	3.029 8
	平均值	1.004 9	0.412 6	0.174 9	2.628 3
中部	2007	1.025 9	0.253 0	0.366 8	1.831 0
	2008	1.032 0	0.271 9	0.346 4	1.995 4
	2009	1.047 2	0.229 7	0.527 9	1.637 5
	2010	1.185 6	0.295 3	0.543 0	1.810 7
	2011	1.049 1	0.248 0	0.506 5	1.783 7
	2012	1.061 1	0.265 1	0.500 0	1.761 4
	2013	1.059 9	0.276 8	0.509 3	1.759 8
	平均值	1.065 8	0.252 9	0.478 7	1.796 7
西部	2007	0.984 2	0.366 5	0.234 0	2.843 8
	2008	0.965 6	0.325 3	0.233 3	2.481 8
	2009	0.961 8	0.324 2	0.193 4	2.503 9
	2010	1.131 7	0.399 8	0.166 2	2.363 5
	2011	0.988 8	0.343 1	0.172 1	2.248 7
	2012	1.004 3	0.347 5	0.164 3	2.333 4
	2013	1.004 4	0.333 9	0.153 8	1.801 6
	平均值	1.005 8	0.343 1	0.188 2	2.368 1

注：根据农业龙头企业所在地的农业生产总值、农村人口比重计算而得。

6.3 实证结果分析

为了有效分析产业集群对农业龙头企业技术效率的影响，本章分两步进行，一是基于总体的 5 180 个样本（740×7），即根据 2007—2013 年共 740 家农业龙头企业而形成的样本；二是区分不同的农业产业集群类型，形成 1 127

个样本（161×7）。农业产业化示范基地明显具有农业产业集群的特征，本章选取 91 家国家级农业产业化示范基地，共包含 2007—2013 年 161 家农业龙头企业而形成企业样本 1 127 个，着重分析不同类型产业集群对农业龙头企业技术效率的影响；采用的回归方法仍然是借助于 Frontier 软件一步完成技术效率测度和相关因素对农业龙头企业技术效率的影响，针对各解释变量之间可能存在的内生性问题，文章借助于 STATA 软件进行了检验，检验结果显示，各解释变量之间存在较弱的内生性。

6.3.1　基于总体样本

表 6-4 和表 6-5 反映各自变量对农业龙头企业技术效率损失的影响。若变量系数为负（正），表明该变量对农业龙头企业技术效率损失的影响为负（正），即该变量对农业龙头企业技术效率的影响为正（负）。回归结果 1 和 2 的差异在于产业集群自变量的选取，回归结果 1 选取的是农业产业集群度，回归结果 2 中产业集群选取的是否为农业产业化示范基地（以下简称示范基地）作为农业产业集群的替代变量，其他自变量选取与回归结果 1 相同。

表 6-4　产业集群对农业龙头企业技术效率损失影响的回归结果（1）

变量符号	系数	标准差	T 值
常数项	6.862 5***	0.512 4	13.391 8
Z_{1it}	−0.506 2***	0.063 2	−8.011 8
Z_{2it}	0.830 7***	0.097 8	8.493 6
Z_{3it}	0.203 1***	0.059 6	3.406 6
Z_{4it}	−2.061 0***	0.221 5	−9.304 8
Z_{5it}	−2.323 4***	0.269 6	−8.618 2
Z_{6it}	−0.518 9***	0.087 4	−5.939 0
Z_{7it}	−0.127 7***	0.017 7	−7.198 8
Z_{8it}	0.018 0***	0.003 7	4.848 5
Z_{9it}	−0.358 0***	0.032 1	−11.137 2
Z_{10it}	−0.010 7	0.013 7	−0.777 8
Z_{11it}	0.048 3	0.065 9	0.733 2

数据来源：Frontier 软件运行结果。*、**、***分别表示 10%、5%、1%显著性水平，下同。

实证结果显示，产业集群对农业龙头企业技术效率的影响为正，且通过显著性水平检验。产业集群度增加 1%，农业龙头企业的技术效率增加 0.52%。采用是否为农业产业化示范基地这一变量进行了验证，结果同样为正，农业产业集群内的龙头企业的技术效率比其他农业龙头企业高 0.80 倍。产业集群之所以对企业技术效率产生影响，可能的原因在于，产业集群区内的企业形成专业化分工，上下游企业之间形成良好的协作关系，在产业聚集区，通常有着良好的通用基础设施及产业共性基础设施，产业链上下游企业配套齐全，从而有利于更好地提高企业内部要素间的协同性（Isakson，2007）；产业集群内的企业在获得原材料和中间产品方面具有便利性，已经可以共享公共服务平台，有利于企业节约交易成本，从而提高企业生产效率；产业集群内有利于创新平台形成，利于知识溢出效应发挥作用，有利于企业进行创新，节约研发成本；产业集群内形成的专业化劳动力市场会集聚不同层次的专业人才，提供较多的劳动机会，同时降低企业的人才搜寻成本。同样，本研究的个案调研也表明了农业产业集群对农业龙头企业发展的积极作用。

表 6-5　示范基地对农业龙头企业技术效率损失影响的回归结果（2）

变量符号	系数	标准差	T 值
常数项	6.434 1***	0.421 9	15.251 7
Z_{1it}	−0.512 7***	0.052 4	−9.792 6
Z_{2it}	0.887 7***	0.147 7	6.011 5
Z_{3it}	0.253 8***	0.091 2	2.781 8
Z_{4it}	−2.294 1***	0.329 3	−6.967 5
Z_{5it}	−2.513 7***	0.401 2	−6.265 1
Z_{6it}	−0.799 3***	0.157 0	−5.092 3
Z_{7it}	−0.136 8***	0.021 1	−6.495 7
Z_{8it}	0.021 7***	0.003 6	5.967 5
Z_{9it}	−0.386 7***	0.040 2	−9.619 1
Z_{10it}	−0.008 1	0.014 0	−0.575 8
Z_{11it}	0.099 0	0.072 4	1.366 9

数据来源：Frontier 软件运行结果。

考察其他变量对农业龙头企业技术效率的影响：企业职工人数对农业龙头企业技术效率的影响显著且为正。企业职工人数能够反映企业规模的大小，企业规模大，通过一定行为改善效率的内在动力更强，也具有创新的能力和需求，因而对农业龙头企业技术效率的影响为正。

是否为上市公司对农业龙头企业技术效率的影响显著且为负，企业上市能迅速通过增资、扩股等方式，吸收社会资本和其他投资，资本量扩大，但其生产能力在同一年份内难以得到迅速提升。

董事长与总经理是否合职（由同一个人担任）对农业龙头企业技术效率的影响显著且为负，合职使得总经理权力过于集中，董事会难以对其进行有效监督，其与企业绩效之间呈现负相关（吴淑琨 等，1998）。

从地区来看，东部、中部地区变量对农业龙头企业技术效率的影响显著且为正，也就是说，东部和中部地区农业龙头企业的技术效率高于其他地区，即区位差异影响企业技术效率，不同地区的农业资源禀赋、区位优势、农业研发投入等重要因素，导致了农业龙头企业技术效率存在差异。

城镇化水平对农业龙头企业技术效率的影响显著且为负，城镇化过程中劳动力由农村转移至城镇，大多从事非农生产，可能造成农业龙头企业用工季节性短缺或成本增高，这引起企业技术效率下降。数据显示，农业龙头企业雇佣的职工大多为本地农村劳动力，尤其是民营企业较为明显。

带动农户数对农业龙头企业技术效率的影响显著且为正，企业带动农户数越多，企业与农户之间的利益联结机制越紧密，企业越容易获取原材料，企业能够实现要素的有效调配。

研发投入对农业龙头企业技术效率的影响并不明显，可能的原因在于企业研发投入相对较低，不及农业龙头企业销售收入总额的1%，个别农业龙头企业并没有研发投入，或部分研发投入并没有真正用于研发相关产品，且研发投入的成果转化滞后于当期投入。

6.3.2 基于农业产业化示范基地样本

为了更好地分析不同类型的产业集群对农业龙头企业技术效率的影响，依据农业产业化示范基地的分类标准，在回归结果2的基础上，增加了园区载体型产业集群（Z_{6it}，农业龙头企业位于园区载体型产业化示范基地赋值为1，其他赋值为0）和产业依托型产业集群（Z_{13it}，农业龙头企业位于产业依托型产业化示范基地赋值为1，其他赋值为0）。结果显示，采用超越对数生产函数更为合适，γ通过1%显著性水平检验，基于示范基地样本的技术效率同样存在技术效率损失，具体结果如表6-6所示。

表6-6 基于不同产业集群的随机前沿函数模型结果

变量符号	系数	标准差	T值
常数项	10.195 8***	0.838 4	12.161 4
$\ln x_{1mt}$	0.046 4	0.199 9	0.232 4
$\ln x_{2mt}$	−0.253 9	0.186 4	−1.362 0
$\ln x_{1mt}^2$	0.036 5**	0.015 7	2.314 9

（续）

变量符号	系数	标准差	T 值
$\ln x_{2mt}^2$	0.041 1***	0.011 1	3.716 4
$\ln x_{1mt}\ln_{2mt}$	−0.027 7	0.030 3	−0.913 1
$t\ln x_{1mt}$	−0.016 2	0.020 2	−0.801 1
$t\ln x_{2mt}$	0.020 9	0.028 1	0.744 3
t	0.004 5	0.048 6	0.093 5
t^2	−0.001 7	0.012 2	−0.135 2
δ^2	0.312 7***	0.018 9	16.552 4
γ	1.000 0***	0.039 5	25.347 6

数据来源：Frontier 软件运行结果。

不同产业集群类型对农业龙头企业技术效率的影响具有差异，产业依托型产业集群对农业龙头企业技术效率的影响为负，说明产业依托型产业集群内的农业龙头企业技术效率低于其他类型，这可能与产业依托型产业集群的形成有一定关系，产业依托型产业集群主要是依托当地主导产业和资源禀赋所形成的产业集群，这一类型的产业集群内部企业可能出现重复投资，造成资本利用效率低下，且企业之间在原材料、雇佣劳动力等方面竞争明显，势必加大企业成本；企业产品的相同或相似，使得企业信息交流相对较弱，无法构建共享研发平台等，因而，此类型内部的农业龙头企业技术效率低于其他类型。园区载体型产业集群对农业龙头企业技术效率的影响并不显著，这也间接说明园区载体型产业集群内的农业龙头企业技术效率与其他类型产业集群内的农业龙头企业技术效率无差异，这可能和园区载体型农业产业集群的形成有关，园区载体型农业产业集群，是在相关园区管委会的组织下，依赖当地的农业龙头企业所形成的农业产业集群。

回归结果显示在表 6－7。农业产业集群内，各变量对农业龙头企业技术效率的影响结果，与回归结果 1 和回归结果 2 比较来看，各变量对农业龙头企业技术效率的影响大致相同，但在个别变量上存在一定的差异性，这些自变量包括董事长与总经理是否合职、城镇化水平、研发投入和企业性质等，城镇化水平对产业集群内的农业龙头企业技术效率的影响为正，与总体样本不一致，这可能和示范基地的地理分布有关，大多农业产业化示范基地位于城市或城镇，产业集群吸收了大量劳动力，示范基地内有较为丰富的劳动力资源，能够优化农业龙头企业内部劳动力配置。

表 6-7　基于不同产业集群对农业龙头企业技术效率的影响回归结果

变量符号	系数	标准差	T 值
常数项	2.460 0***	0.667 8	3.683 8
Z_{1it}	−0.044 8*	0.022 0	−2.038 7
Z_{2it}	0.107 2	0.091 7	1.169 1
Z_{3it}	−0.130 8***	0.038 9	−3.367 5
Z_{4it}	−0.247 9***	0.078 1	−3.173 9
Z_{5it}	−0.555 2***	0.034 8	−15.953 1
Z_{6it}	−0.056 3	0.035 5	−1.587 6
Z_{7it}	−0.030 1***	0.009 3	−3.220 2
Z_{8it}	−0.013 3***	0.003 8	−3.516 6
Z_{9it}	−0.109 1***	0.011 7	−9.324 9
Z_{10it}	−0.035 8***	0.012 3	−2.913 6
Z_{11it}	−0.100 4*	0.058 6	−1.712 8
Z_{13it}	2.460 0***	0.667 8	3.683 8

数据来源：Frontier 软件运行结果。

研发投入对产业集群内的农业龙头企业技术效率的影响为正，农业产业集群内的农业龙头企业的研发投入明显高于其他企业，集群内的企业研发具有一定的公共性，能够较快推广研发技术，据 153 家农业产业化示范基地监测结果显示，90%以上的农业产业化示范基地内具有公共的研发平台。

企业性质对总体样本和基于农业产业化示范基地内的农业企业样本的技术效率的影响有差异，其原因在于农业产业集群的形成有地方政府的推动因素，地方政府会对农业产业集群内的农业龙头企业提供资本和其他优惠政策，因而，位于农业产业集群内的国有农业龙头企业技术效率高于非国有企业。

6.3.3　稳健性检验

为了使得研究结果更加稳健，本章对模型结果进行三种类型的稳健性检验：一是采用后项逐步回归法，删除个别不显著变量；二是选取单一年份的数据；三是按照地区进行分类，分别选取东部、中部和西部地区的农业龙头企业样本。其结果表明，产业集群对农业龙头企业技术效率的影响为正，其系数大小有差异①。

① 本章结果采用 Frontier 软件对农业龙头企业技术效率和影响因素进行回归，而在稳健性检验过程中使用 stata 软件完成。

6.4 小结

本章通过随机前沿生产函数就产业集群对农业龙头企业技术效率的影响进行研究，得出结论：产业集群对农业龙头企业技术效率水平的影响显著且为正，农业产业集群内的龙头企业技术效率高于集群外的企业，产业依托型产业集群内的农业龙头企业技术效率低于其他类型，园区载体型产业集群内的农业龙头企业技术效率与其他类型技术效率差异并不明显。本章考察了其他因素对农业龙头企业技术效率的影响，带动农户数和研发投入是提升农业龙头企业技术效率的关键因素。城镇化水平、研发投入和企业性质对示范基地内和示范基地外的农业龙头企业技术效率的影响不同。

根据研究结论，提出如下政策启示：农业产业集群形成多样化，各地区应根据地区资源禀赋、区位优势、基础设施等条件，以市场为导向，分类指导，因地制宜推进不同类型的农业产业集群发展。农业龙头企业应不断加大科技研发投入，进行农产品创新；应加大与高校、科研院所等机构合作力度，根据市场需求，增加农业加工品种类、提升农产品品质，不断增强农产品市场竞争力。发展农业龙头企业的主要目的在于其能够带动农民实现就业增收，农业龙头企业在做大做强的基础上，应与农民形成“风险共担、利益共享”的利益共同体，构建农业龙头企业与农民利益紧密联结的长效机制。

第七章 产业集群对典型行业农业龙头企业技术效率的影响

中国既是一个农业生产大国，也是一个粮食消费大国，保障粮食安全关系到我国经济发展与社会稳定。农业龙头企业作为产业链条的组织者、带动者、市场开拓者和技术创新者，其发展状况直接关系到中国农业的健康发展。为进一步揭示不同行业的农业龙头企业受到产业集群影响的差异程度，依照农业龙头企业生产原料来源不同，本章把以粮食类（稻谷、玉米、小麦、大豆、花生等农作物）作为主要生产原料进行生产、加工、物流或者育种的农业龙头企业作为粮食类龙头企业，把以牲畜或者畜禽类（牛、猪、羊、鸡、鸭、鹅、兔等家畜、家禽）为主要原料进行生产、加工、物流或者研发的农业龙头企业作为畜牧类、龙头企业来研究，着重分析产业集群对不同行业农业龙头企业技术效率的影响。

7.1 粮食类和畜牧类农业龙头企业的现状

7.1.1 粮食类和畜牧类农业龙头企业的重要作用

中国食品消费结构正处于快速变化之中，城市化、工业化加快人口向城镇区域集中，人口流动性大大增加，对粮食产品和畜产品的需求数量和结构正处在快速变革的阶段；中国农产品对外依存度较高，受国际市场价格波动影响，导致终端价格与原料价格出现差距，引起企业经营效益的变化。中国农产品生产、加工、流通等行业面对这些新的机遇和挑战，需加快转变农业发展方式，从主要追求产量和依赖资源消耗的粗放经营向数量质量效益并重，更加注重提高竞争力和农业科技创新的方向转变。

粮食类和畜牧类农业龙头企业在现代农业发展中具有非常重要的作用，肩负着带动农民增收、调整农业结构、提升农产品国际竞争力的重任，但是，农业天然弱质性最终导致了农业企业的低收益和高机会成本。这类企业因种种原因，经营能力也各有差别，分析这类企业经济绩效的影响因素，有利于提高其技术效率，有助于增加龙头企业带动传统农业向现代农业转变的动力。

7.1.2 已有研究

程支中（2003）认为龙头企业是推进畜牧产业化经营的核心和关键，畜牧产业化经营主要靠龙头企业的带动，龙头企业的多少、强弱在很大程度上决定着畜牧产业化经营的规模和水平。因此，推进畜牧产业化经营需培植更多更强的龙头企业。王明利等（2007）认为现阶段我国畜牧业养殖方式正在从传统的粗放、分散饲养方式向现代的集约、规模化饲养方式转变，无论是屠宰企业还是养殖企业，还是饲料企业，均试图通过延伸产业链、提升产品附加值来提高产品竞争力。畜牧业增长源泉主要来自两个方面：一是生产要素投入量的增长，二是生产率的提高，畜牧业经济增长方式的转变得益于畜牧业科技进步的作用。田露（2007）认为畜牧业是粮食和农作物转化增值、农业结构调整的重要环节和途径，其发展不仅有利于提高农民收入、保障国家食品安全和畜产品有效供给、改善人们的膳食结构，还有利于推动农村产业结构调整，带动食品工业、饲料工业和制药业等相关产业发展。

学者对农业企业技术效率做了多方面的研究，主要将农业上市公司作为研究对象。例如韩锁昌等（2007）运用数据包络分析方法（DEA）对 37 家农业上市公司的财务数据进行分析，得出种植业的财务效率相对较高，畜牧业和渔业的综合效率偏低。徐勇和任一萍（2007）以 22 家农业上市公司作为样本，选取了 13 项财务指标，用因子分析的方法综合评价了企业的经营绩效。我国国有粮食企业收购与销售具有一定的波动规律，特别是国有粮食企业销售存在明显的周期性现象，表明我国不同区域国有粮食企业存在一些潜在风险，不利于粮食企业绩效的提升（吴文清，刘超，2011）；实现粮食企业产业化经营，提升粮食企业的经营效率是关键，粮食企业既能缓解农民卖粮难问题，又可以搞活粮食的生产、仓储、物流、加工、销售等一系列环节，实现粮食产业化经营（邓亦文，肖春阳，2007）。然而，不少粮食企业与其他产业企业相比，净资产利润率相对较低，部分企业非农化趋势明显，分析其原因并寻找适当措施提升粮食企业绩效，对促进我国农业产业化发展和保障粮食安全具有重要的现实意义。

丁斌和曲慧敏（2014）、李道和和池泽新（2011）研究表明，农业企业经营效率的提升不仅取决于自身投入的变动，还取决于企业多元化经营措施和管理能力等，粮食类和畜牧类企业也不例外。学者对我国企业生产效率的研究，主要使用 DEA 和 SFA 等测算生产效率的方法，以主营业务收入、固定资产、流动资产、利润总额等为主要指标（孔云林，吴杰，2014）。但现有文献对粮食和畜牧类企业经营效率的研究较少，仅有个别学者针对不同的经营模式对粮食企业效率的影响进行比较（吕东辉 等，2015）。国内对上市公司研究主要集中在最近几年，黄洁莉等（2014）通过实证检验得出我国农业上市公司研发投入尚未对业绩产生正面影响，反而呈现出微弱的负面影响效应。

数据显示，不同地区粮食和畜牧类企业经营状况差异明显，有哪些因素制约粮食和畜牧类企业技术效率的提升，产业集群是否有利于粮食类和畜牧类龙头企业技术效率的提升，这是本章需要解决的问题。本章将2007—2013年农业龙头企业中的192家粮食类和215家畜牧类农业部农业产业化重点龙头企业（以下简称“粮食类龙头企业”及“畜牧类龙头企业”）作为研究对象，就产业集群对粮食类和畜牧类龙头企业技术效率的影响进行分析。

7.2　研究方法与样本分布

7.2.1　研究方法

$$TE_{it}^{\ *} = C_0 + \sum_i \beta_{it} X_{it} + \varepsilon_{it} \qquad (7-1)$$

式中，$TE_{it}^{\ *}$为因变量，表示i企业t年的技术效率，C_0表示常数项，X_{it}表示影响i企业t年技术效率的变量，β_{it}表示影响农业龙头企业技术效率的各自变量，ε_{it}表示残差项。

本章在第五章农业龙头企业技术效率测度的基础上，结合第六章的相关研究，着重就产业集群对粮食类和畜牧类龙头企业技术效率的影响进行分析。本章所选取的样本主要为2007—2013年740家农业产业化重点龙头企业中的192家粮食类和215家畜牧类龙头企业数据，其中粮食类和畜牧类龙头企业样本量分别为1 344个（东部、中部和西部地区样本分别有385个、630个、329个）和1 505个（东部、中部和西部地区样本分别有672个、392个、441个）；相关投入要素和变量的选择，参照以上章节的内容，主要包括：企业职工人数、农业龙头企业是否为上市公司、董事长与总经理是否合职、广告促销投入、城镇化水平、带动农户数、研发投入。

7.2.2　样本分布

从总体样本中挑选出粮食类样本和畜牧类样本，其中粮食类和畜牧类龙头企业分别有192家和215家，分别形成样本1 344个和1 505个，具体分布状况如表7-1所示。

表7-1　样本分布状况

单位：家

	东部地区	中部地区	西部地区	总体
粮食类	55	90	47	192
畜牧类	96	56	63	215
总体	151	146	110	407

数据显示，有41家粮食类龙头企业（东部、中部和西部地区分别有8家、17家和16家）和56家畜牧类龙头企业（东部、中部和西部地区分别有22家、19家和15家）位于农业产业化示范基地之内，分别占样本总量的21.35%和26.04%；粮食类龙头企业位于产业依托型、园区载体型和其他类型的农业产业化示范基地的个数分别为7家、26家和8家；畜牧类龙头企业位于产业依托型、园区载体型和其他类型的农业产业化示范基地的个数分别为9家、27家和20家。粮食类和畜牧类龙头企业主要分布在园区载体型农业产业化示范基地。

7.3 实证结果分析与讨论

本章采用Hausman检验，检验结果显示，不适合采用固定效应模型，本章仅展示OLS回归结果，具体如表7-2、表7-3、表7-4和表7-5所示，从回归结果来看，R^2 相对较高，自变量对因变量具有良好的解释力。

表7-2 各变量的统计性描述

变量	粮食类龙头企业				畜牧类龙头企业			
	均值	标准差	最小值	最大值	均值	标准差	最小值	最大值
技术效率	0.75	0.12	0.00	0.92	0.71	0.16	0.00	0.91
企业职工人数	7.09	1.21	4.52	11.41	7.34	1.23	3.22	11.23
是否上市公司	0.12	0.32	0.00	1.00	0.10	0.30	0.00	1.00
是否合职	0.44	0.50	0.00	1.00	0.50	0.50	0.00	1.00
东部	0.29	0.45	0.00	1.00	0.45	0.50	0.00	1.00
中部	0.47	0.50	0.00	1.00	0.26	0.44	0.00	1.00
产业集群	1.05	0.34	0.13	2.84	0.99	0.35	0.13	1.75
广告促销投入	5.16	2.39	0.00	12.88	5.48	2.37	0.00	12.28
城镇化水平	49.52	10.78	28.24	89.60	52.76	12.88	21.50	89.60
带动农户数	10.87	1.49	0.00	16.34	9.73	1.45	0.00	15.03
研发投入	5.36	2.30	0.00	11.86	5.42	2.21	0.00	11.65
企业性质	0.18	0.38	0.00	1.00	0.15	0.36	0.00	1.00
示范基地	0.21	0.41	0.00	1.00	0.25	0.43	0.00	1.00
产业依托型	0.04	0.19	0.00	1.00	0.04	0.20	0.00	1.00
园区载体型	0.14	0.34	0.00	1.00	0.13	0.34	0.00	1.00

7.3.1　基于粮食类和畜牧类龙头企业总体样本的分析

产业集群对粮食类龙头企业技术效率的影响为正，对畜牧类龙头企业技术效率的影响并不显著。农业产业集群度每上升1%，粮食类龙头企业技术效率上升0.023%，其影响低于对农业龙头企业技术效率的影响。粮食类龙头企业大多分布在粮食主产区，在同一主产区内许多粮食类加工企业，大多从事的是粮食类初级加工，同质行业之间竞争激烈，不能够保障粮食类龙头企业原材料的有效供给。对于畜牧类龙头企业而言，饲料成本、人工成本等养殖成本刚性上升，国际市场冲击不断，导致畜牧类龙头企业成本增加，收益不稳定，经营效率受到影响。粮食类龙头企业规模相对较大，行业内分工较细，产业链条比较完整，其对产业集群多样化服务的需求相对较弱，也许存在产业集群提供的服务或所分享的技术与粮食类和畜牧类龙头企业的需求未实现有效匹配。

表7-3　产业集群对粮食类和畜牧类龙头企业技术效率的影响

变量	粮食类			畜牧类		
	系数	*T*值	*P*值	系数	*T*值	*P*值
企业职工人数	0.028***	13.120	0.000	0.041***	15.240	0.000
是否上市公司	−0.055***	−7.640	0.000	−0.028***	−3.370	0.001
是否合职	−0.005	−1.070	0.283	−0.022***	−4.430	0.000
东部	0.129***	17.270	0.000	0.179***	24.330	0.000
中部	0.135***	23.710	0.000	0.206***	31.060	0.000
产业集群	0.023***	3.390	0.001	0.008	1.060	0.288
广告促销投入	0.006***	5.240	0.000	0.006***	4.350	0.000
城镇化水平	−0.001***	−3.370	0.001	0.000	−0.020	0.981
带动农户数	0.028***	17.090	0.000	0.018***	9.480	0.000
研发投入	0.002*	1.700	0.089	0.005***	4.000	0.000
企业性质	0.008	1.370	0.172	−0.059***	−7.860	0.000
常数项	0.144***	5.530	0.000	0.063***	2.560	0.011
样本量		1 344			1 505	
R^2		0.601 6			0.663 0	

数据来源：stata结果整理而得，*、**、***分别表示10%、5%和1%的显著性水平。

农业产业化示范基地对粮食类和畜牧类龙头企业的影响均为正，且均通过1%的显著性水平检验。农业产业化示范基地对粮食类龙头企业技术效率的影响大于整体，也大于对畜牧类龙头企业技术效率的影响，示范基地内的粮食类和畜牧类龙头企业技术效率分别为示范基地外龙头企业技术效率的 1.06 倍和 1.03 倍。

表 7-4 农业产业化示范基地对粮食类和畜牧类龙头企业技术效率的影响

变量	粮食类			畜牧类		
	系数	T 值	P 值	系数	T 值	P 值
企业职工人数	0.031***	15.110	0.000	0.037***	13.740	0.000
是否上市公司	−0.053***	−7.680	0.000	−0.022***	−2.580	0.010
是否合职	−0.011**	−2.510	0.012	−0.021***	−4.340	0.000
东部	0.133***	18.720	0.000	0.179***	24.920	0.000
中部	0.141***	25.960	0.000	0.202***	30.730	0.000
示范基地	0.061***	11.850	0.000	0.033***	5.670	0.000
广告促销投入	0.005***	5.160	0.000	0.006***	5.080	0.000
城镇化水平	−0.001***	−4.530	0.000	0.000	−0.010	0.993
带动农户数	0.026***	16.530	0.000	0.019***	10.150	0.000
研发投入	0.001	0.710	0.476	0.005***	3.970	0.000
企业性质	0.009	1.600	0.111	−0.055***	−7.530	0.000
常数项	0.173***	7.580	0.000	0.070***	3.220	0.001
样本量		1 344			1 505	
R^2		0.636 4			0.669 8	

数据来源：stata 结果整理而得，*、**、*** 分别表示 10%、5%和 1%的显著性水平。

7.3.2 基于农业产业化示范基地样本

产业依托型和园区载体型的产业集群对粮食类和畜牧类龙头企业技术效率的影响均为正，且均通过显著性水平检验，对粮食类龙头企业技术效率的影响仍然大于畜牧类龙头企业；且园区载体型产业集群对粮食类和畜牧类龙头企业技术效率的影响仍然大于产业依托型。这可能和园区载体型的形成有一定关系，园区载体型产业集群强调在现有的加工园区或者主要的龙头企业的基础上，引进其他类型企业注入现有加工园区，这些企业和主要的龙头企业形成完整的产业链，更多的是互相补充，而非竞争关系。产业依托型产业集群则主要是依照当地的优势产业和显著的资源优势而形成。

表 7-5　不同类型产业集群对粮食类和畜牧类龙头企业技术效率的影响

变量	粮食类			畜牧类		
	系数	*T* 值	*P* 值	系数	*T* 值	*P* 值
企业职工人数	0.032***	15.440	0.000	0.039***	14.510	0.000
是否上市公司	−0.055***	−8.000	0.000	−0.024***	−2.810	0.005
是否合职	−0.008*	−1.850	0.065	−0.020***	−4.240	0.000
东部	0.134***	18.880	0.000	0.183***	25.010	0.000
中部	0.144	26.470	0.000	0.204***	30.780	0.000
广告促销投入	0.005	5.070	0.000	0.006***	4.670	0.000
城镇化水平	−0.001	−4.150	0.000	0.000	−0.290	0.774
带动农户数	0.026	16.620	0.000	0.019***	10.030	0.000
研发投入	0.001	0.780	0.433	0.005***	3.900	0.000
企业性质	0.005	0.790	0.433	−0.056***	−7.710	0.000
产业依托型	0.053***	4.710	0.000	0.030**	2.420	0.016
园区载体型	0.072***	11.620	0.000	0.034***	4.590	0.000
常数项	0.162***	7.100	0.000	0.068***	3.080	0.002
样本量		1 344			1 505	
R^2		0.638 8			0.668 3	

数据来源：stata 结果整理而得，*、**、*** 分别表示 10%、5%和 1%的显著性水平。

本章也反映了其他变量对农业龙头企业技术效率的影响。企业规模对农业龙头企业技术效率的影响为正，且通过显著性水平检验，且对粮食类龙头企业技术效率的影响小于畜牧类龙头企业。企业是否上市对粮食类龙头企业技术效率的影响为负，且通过显著性水平检验，且对粮食类龙头企业技术效率的影响大于畜牧类龙头企业。

城镇化水平对粮食类龙头企业技术效率的影响为负，而对畜牧类龙头企业技术效率影响不显著；这可能与两类企业的特性有一定关系，畜牧类龙头企业的人员相对固定，需要具有专业素质或掌握一定技能和疫病防控、卫生环境控制方面的知识；粮食类龙头企业主要从事粮食类粗加工和深加工，需要一些季节性用工，城镇化的推进可能会使当地劳动力不足，因而其对粮食类龙头企业技术效率的影响为负。

带动农户数对粮食类和畜牧类龙头企业技术效率的影响均为正，且对前者的影响大于后者，也就是说带动农户数越多，企业技术效率越高。对于粮食企业而言，这可能与最近几年国家政策有关，国家采取了一系列保障性收购政策，且不少粮食企业就是收购粮食的主要单位，带动农户数越多，也意味着能够保障企业具有稳定的原料来源。畜产品市场的不稳定导致农户的养殖积极性受到影响，企业与农户违约现象时有发生，不能够保障企业生产的稳定性和持续性。

从地区变量可以看出，各地区粮食类和畜牧类龙头企业技术效率之间仍然存在差异，仍然是中部地区粮食类和畜牧类龙头企业技术效率大于东部和西部地区；畜牧类龙头企业技术效率的地区差异更加明显。由于地区差异的存在，中部和东部地区畜牧类龙头企业技术效率分别为西部地区的 1.22 倍和 1.20 倍，而对应的粮食类龙头企业技术效率分别为 1.15 倍和 1.14 倍。

从企业性质来看，企业性质对粮食类龙头企业技术效率的影响不显著，也就是说国企或者民企对粮食类龙头企业技术效率的影响并不明显；而对于畜牧类企业技术效率而言，企业性质对畜牧类龙头企业技术效率的影响为负，国有畜牧类龙头企业的技术效率比民营畜牧类龙头企业技术效率低 6%。

7.3.3 稳健性检验

本章主要采用随机前沿生产函数就产业集群对粮食类和畜牧类农业龙头企业技术效率的影响进行测度。随机前沿生产函数对农业龙头企业技术效率测度的假设前提条件是不同地区企业的技术效率具有共同前沿面，然而，由于各地区边界的存在，不同地区应该存在各自的生产前沿面，这就产生了新的研究方法，共同前沿生产函数。为了进一步验证产业集群对粮食类和畜牧类龙头企业技术效率的影响，本章采用共同前沿生产函数就两者关系进行分析，研究结果与随机前沿生产函数所测度的技术效率存在数值的差异，但并不改变技术效率的变动方向和空间差异，同样也证实了产业集群对粮食类和畜牧类龙头企业技术效率的正向影响。共同随机前沿的研究方法、操作步骤及相应结果详见本书附录。

7.4 小结

本章采用 2007—2013 年粮食类和畜牧类龙头企业的数据，就产业集群对粮食类和畜牧类龙头企业技术效率的影响进行分析。研究结果显示，产业集群对粮食类龙头企业技术效率的影响大于畜牧类龙头企业技术效率；龙头企业是否位于示范基地对粮食类和畜牧类龙头企业技术效率的影响为正，对粮食类龙头企业技术效率的影响仍然大于畜牧类龙头企业技术效率。园区载体型产业集群对粮食类和畜牧类龙头企业技术效率的影响大于产业依托型产业集群。本章还着重分析了其他因素对粮食类和畜牧类龙头企业技术效率的影响。

第八章 研究结论与政策建议

8.1 研究结论

农业产业集群是推动现代农业发展的重要力量，而农业龙头企业是推进产业集群转型升级的核心主体。因此，现阶段研究农业产业集群与农业龙头企业技术效率的有关问题具有重要的现实意义。本文的主要结论有以下几个方面：

（1）**农业产业集群是农业产业化发展的方向，是影响农业龙头企业的重要外部环境**。农业产业集群对农业龙头企业发展具有正向效应，一是能够节约交易成本，提高交易效率，使得产业集群内的企业良性互动；二是实现规模经济，降低企业经营成本，使得企业获得较高效益；三是具有协同效应，产业集群内部企业既合作又竞争，集群内的企业易于创新和知识传播，提升集群内的创新成果转化率，使得企业内部创新水平、技术效率改进方面具有优势；四是具有社会效应，提升企业区域和核心竞争力。当然，也应该合理规避产业集群的负向效应。

（2）**尽管农业产业集群效率呈现递增趋势，但不同类型的农业产业集群之间效率差异明显**。从地区来看，东部地区农业产业集群的综合效率明显高于中部和西部地区；从不同类型看，企业带动型农业产业集群综合效率、技术效率和规模效率明显高于园区载体型、县域发展型和产业依托型；农业产业集群综合效率的差异主要来源于技术效率，规模效率差异相对较小。从影响产业集群效率的因素来看，城镇化水平和研发投入是影响农业产业集群效率的重要因素，龙头企业资产总额影响产业集群的综合效率。

（3）**对740家国家级农业产业化重点龙头企业的技术效率进行测度，总体来看农业龙头企业技术效率较高，各年份农业龙头企业技术效率差异不大**。但农业产业集群内外、不同行业、不同地区和不同产业集群类型的农业龙头企业技术效率差异明显。具体来说，农业产业集群内的龙头企业技术效率高于集群外的农业龙头企业；分行业来看，粮食类龙头企业技术效率高于畜牧类和其他类型的龙头企业技术效率；从不同地区来看，中部地区农业龙头企业技术效率高于东部和西部地区的农业龙头企业技术效率，但中部和东部地区农业龙头企业技术效率的波动范围低于西部地区。从不同产业集群类型来看，其他类型产业集群内部的农业龙头企业技术效率相对较高，高于园区载体型和产业依托型内部的农业龙头企业的技术效率。从农业龙头企业技术效率的来看，总体、东部、中部和西部地区的农业龙头企业技术效率均存在α收敛、绝对β收敛和条件β收敛，各区域内农业龙头企业技术效率差距会逐渐缩小并趋于稳态。

（4）产业集群对农业龙头企业技术效率的影响显著为正。产业集群水平越高，龙头企业技术效率就越高；产业集群度增加1%，农业龙头企业的技术效率增加0.52%。不同类型的产业集群对农业龙头企业技术效率的影响程度有差异，产业依托型对农业龙头企业技术效率的影响为负，园区载体型对农业龙头企业技术效率的影响并不显著。

（5）产业集群对粮食类和畜牧类龙头企业技术效率的影响与总体样本不同。具体来说，产业集群对粮食类龙头企业技术效率有正向影响，而对畜牧类龙头企业的影响并不明显；示范基地内的粮食类和畜牧类龙头企业的技术效率分别为示范基地外的1.06倍和1.03倍；产业依托型和园区载体型产业集群对粮食类和畜牧龙头企业技术效率的影响显著，对粮食类龙头企业技术效率的影响大于畜牧类龙头企业；就两者对粮食类和畜牧类龙头企业技术效率的影响来看，园区载体型产业集群对粮食类和畜牧龙头企业技术效率的影响大于产业依托型产业集群。

（6）其他因素对农业龙头企业技术效率的影响分析。整体来看，城镇化水平对农业龙头企业技术效率的影响为负。其他变量对总体样本和示范基地样本的影响有差异，企业规模和带动农户数对农业龙头企业技术效率的影响为正。而仅从对粮食类和畜牧类龙头企业技术效率的影响来看，企业规模和带动农户数对农业龙头企业技术效率的影响均为正，而城镇化水平对粮食类龙头企业技术效率的影响为负，对畜牧类龙头企业技术效率的影响并不明显。研发投入对粮食类和畜牧类的龙头企业技术效率的影响为正，而对其他类型的农业龙头企业技术效率的影响并不明显。

8.2 政策建议

8.2.1 因地制宜推进农业产业集群形成

农业产业集群形成有多种因素和动机，各地区应根据资源禀赋、区位优势、基础设施等，以市场为导向，因地制宜推进不同类型的农业产业集群发展。在区位优势明显、主导产业突出的区域，形成产业依托型农业产业集群，尤其是粮食类和畜牧类产业集群；在大宗农产品主要产区，且聚集生产加工能力强、品牌知名度高的龙头企业区域，应重点发展企业带动型农业产业集群；

在其他区域发展园区载体型的农业产业集群。

提升农业产业集群的效率应以改善技术效率为主，规模效率为辅。中国农业产业集群的综合效率相对较低，主要原因是产业集群中各种要素配置并没有达到最佳状态，促进各种要素的协调是农业产业集群效率提升的关键。整体来看，尽管各地区和不同类型的农业产业集群的规模差异较大，但整体上农业产业集群的规模效率较高，仅依靠提升农业产业集群的规模效率来改善综合效率的作用不大。

应重点发展企业带动型的农业产业集群，但龙头企业的规模不宜过大。农业产业集群围绕当地主导产业，集聚大量具有高度关联的龙头企业，形成内在联系紧密、外部效应明显的有机体，这样可以降低关联企业间的交易成本，提高产业的整体竞争力。侧重培育壮大核心龙头企业，鼓励发展精深加工，带动同类中小企业错位互补发展，解决大宗农产品产业链条相对较短、产品增值偏低等问题，提高产业整体效益。但农业产业集群内农业龙头企业的规模不宜过大，应控制适度。

8.2.2 引导龙头企业集群集聚

农业产业集群为中国城镇化建设创造了条件，随着城镇化建设的不断推进，也使得部分地区农业产业集群的形成有了可能。城镇化建设促进了产业结构的优化，为农业产业集群提供了发展平台，并提升了产业的集聚效应，拓宽了产业集群的发展空间，在城镇化推进过程中，应不断完善农业产业相关政策及相应的配套服务体系。

建设农业产业化示范基地，是推进工业化、信息化、城镇化与农业现代化同步发展的现实选择。各地发展实践表明，通过引导龙头企业集群集聚，能够积极承接产业转移，促进农业专业化分工，发展相关服务业，增加就业岗位，引进城市各类人才投身农业，为现代农业发展提供智力支撑，吸纳农村人口向城镇转移，进而带动其他公共事业发展和基础设施不断完善，农业产业化示范基地建设与城镇化推进相辅相成。

8.2.3 鼓励依托产业集群形成交流合作平台

产业集群的发展壮大，实现产业集群升级，其主要动力在于产业集群内企业总体竞争力的提升，而这种竞争力的提升主要依赖于技术效率的改善和研发投入的增加。农业产业集群中的企业特别是农业龙头企业是产业集群的微观基础，是产业集群内在增长的核心因素。

应加大研发投入，形成技术研发和服务的公共平台。多数农业企业的研发投入占销售收入的比重不足1%，粮食类和畜牧类企业更低，甚至部分企业没有研发投入。仅仅依靠企业自身的研发投入，并不能达到全面提升企业技术效率的效果。农业企业研发投入应该依靠政府和企业合力完成，由政府与企业联合投资研发具有竞争优势的生产技术，以免费或有偿的方式供企业使用。农业龙头企业应不断加大科技研发投入，进行农产品创新，企业根据自身需求增加研发投入，开发一些具有差异化的农产品，提高自身产品的辨识度；应加大与高校、科研院所等机构合作力度，根据市场需求，增加产品的差别化生产，不断增强农产品竞争力。

8.2.4 创新企业与农户之间的利益联结机制

支持农户以土地等农业生产资料入股，与畜牧类和粮食类龙头企业按照股份制或股份合作制建立以产权为纽带的关系，充分发挥龙头企业在资金、人才、管理等方面的优势，以弥补农户分散经营的劣势，实现企业与农户的双赢。发展农业龙头企业的主要目的在于其能够带动农民实现就业增收，农业龙头企业在做大做强的基础上，应与农民形成“风险共担、利益共享”的利益共同体，构建农业龙头企业与农户利益紧密联结的长效机制。

企业与农户联结机制的创新不仅体现在原材料供给，更主要的是制定优惠政策吸引农户到企业务工。农业产业集群的发展吸纳不少当地劳动力就业，推进当地城镇化建设；伴随着劳动力的不断外出，尤其是中西部劳动力净流出地区，面临劳动力匮乏问题，农业龙头企业在当地不能招收到合适的劳动力就业；企业应密切与农户的利益联结机制，例如让当地农户以土地、劳动力等入股的方式参与企业经营，稳定企业的原材料和劳动力供给。

8.2.5 农业龙头企业应重视基地建设，保障原材料有效供给

作为农产品原料需求量较大的企业，通过自建规模化原材料种养基地或者农户订单保护收购模式，从根源上保证企业所需优质农产品原材料的供给，引导当地农民由原来的松散型联结转向集约化、规模化种养方式，可以改善企业原材料供应状况。粮、棉、油、糖等大田作物类的农业企业应该尽量避免采用租赁土地等方式自建基地，畜牧类等农业龙头企业应该进一步发挥订单农业优势，增加订单基地采购额。大规模企业在订单农业无法满足农产品供应的情况下，可以适度发展自建基地，中小规模农业企业应主要发展订单基地。

8.2.6 合理引导农业龙头企业发展

不同行业的农业龙头企业技术差异性较为明显，提升技术效率，应分别采取相关措施；粮食类和畜牧类龙头企业是农业龙头企业的重要组成部分，其资产规模占农业龙头企业资产的 60%左右，其个体规模较大。粮食类产品差异

性不大，在农业产业集群内，不宜引进过多的农产品加工企业，以避免集群内农业龙头企业竞争加剧，原料供应不足，企业技术效率下降；对畜牧类龙头企业而言，应进一步加大优质农产品的研发投入和推广力度，使产品差异化程度明显增加，积极开拓销售渠道；对其他类型的龙头企业，应重视与农户的内在联系机制，有效保障农产品的供给。

8.3 研究展望

本书主要探讨产业集群视角下的农业龙头企业技术效率的变动，所选用的数据为740家国家级农业龙头企业的数据，研究主要突出农业龙头企业技术效率的变动趋势及收敛，产业集群对农业龙头企业技术效率的影响，并比较不同行业的差异。未来的研究展望主要集中在以下几个方面：

一是针对具体的农业产业集群展开调研，着重了解不同类型的农业产业集群的形成过程和相关机制以及农业龙头企业在农业产业集群形成过程中的重要作用。二是研究过程引入其他类型的农业企业加强分析，例如将省级农业龙头企业纳入研究范围。三是改善产业集群水平测度方式，产业集群内各行为主体的联系紧密程度是衡量产业集群水平的重要方面，未来在产业集群水平测度方面考虑更多因素。四是对产业集群的空间溢出效应展开分析。

REFERENCES 参考文献

蔡海龙，2013. 农业产业化经营组织形式及其创新路径 [J]. 中国农村经济 (11)：4 - 11.

蔡志强，2004. 农业产业化经营龙头企业制度研究 [D]. 北京：中国农业大学 .

曹暕，孙顶强，谭向勇，2005. 农户奶牛生产技术效率及影响因素分析 [J]. 中国农村经济 (101)：44 - 50.

陈灿，罗必良，2011. 农业产业化龙头企业对合作农户的关系治理 [J]. 中国农村观察 (6)：46 - 57.

陈灿，万俊毅，吕立才，2007. 农业产业化龙头企业与农户间交易的治理：基于关系契约理论的分析 [J]. 华中农业大学学报（社会科学版）(4)：42 - 45.

陈德萍，曾智海，2012. 资本结构与企业绩效的互动关系研究：基于创业板上市公司的实证检验 [J]. 会计研究 (8)：66 - 71.

陈东平，张敬明，2006. 农业上市公司股利影响因素分析 [J]. 南京农业大学学报（社会科学版）(6)：25 - 30.

陈吉元，1997. 农业产业化：市场经济下农业兴旺发达之路 [J]. 调研世界 (2)：3 - 7.

陈启杰，2010. "市场—政策"双重导向对农业企业绩效的影响机制研究：以泛长三角地区农业产业化龙头企业为例 [J]. 南开管理评论，13 (5)：123 - 130.

陈晓华，2013. 深入推进农村经营体制创新加快现代农业发展 [J]. 农村经营管理 (6)：6 - 10.

陈新达，徐雪高，张照新，2014. 农业产业化龙头企业社会责任评价的指标权重确定方法 [J]. 现代管理科学 (8)：93 - 95.

陈旭，邱斌，刘修岩，2016. 空间集聚与企业出口：基于中国工业企业数据的经验研究 [J]. 世界经济 (8)：94 - 117.

程支中，2003. 中国畜牧产业化经营问题研究 [D]. 成都：西南财经大学 .

池泽新，汪固华，2011. 基于农户视角的农业产业化龙头企业绩效评价研究：以江西为例 [J]. 江西农业大学学报（社会科学版），10 (3)：26 - 33.

戴觅，余淼杰，2012. 企业出口前研发投入、出口及生产率进步：来自中国制造业企业的证据 [J]. 经济学（季刊）(1)：211 - 230.

邓亦文，肖春阳，2007. 国有粮食企业开展粮食产业化经营问题研究 [J]. 经济管理 (18)：51 - 54.

丁斌，曲慧敏，2014. 中国上市物流企业的经营效率评价及影响因素分析 [J]. 管理现代化 (4)：244 - 308.

董敏杰，梁泳梅，张其仔，2015. 中国工业产能利用率：行业比较、地区差距及影响因素 [J]. 经济研究 (1)：84 - 98.

杜能，1986. 孤立国同农业和国民经济的关系［M］. 北京：商务印书馆.
范剑勇，冯猛，李方文，2014. 产业集聚与企业全要素生产率［J］. 世界经济（5）：51-73.
范剑勇，谢强强，2010. 地区间产业分布的本地市场效应及其对区域协调发展的启示［J］. 经济研究（4）：107-119.
范剑勇，2008. 制造业地理集中与地区的产业竞争力［J］. 浙江学刊（3）：158-163.
范黎波，马聪聪，马晓婕，2012. 多元化、政府补贴与农业企业绩效—基于A股农业上市企业的实证研究［J］. 农业经济问题（11）：83-89.
冯开文，2012. 以合作社为主体发展农业产业化：民生视角下的思考［J］. 中国农民合作社（10）：48-50.
傅晓霞，吴利学，2006. 技术效率、资本深化与地区差异：基于随机前沿模型的中国地区收敛分析［J］. 经济研究（10）：52-61.
高鸣，宋洪远，2014. 粮食生产技术效率的空间收敛及功能区差异：兼论技术扩散的空间涟漪效应［J］. 管理世界（7）：83-92.
韩锁昌，王兵，侯军岐，2007. 农业上市公司财务绩效分析［J］. 安徽农业科学（24）：7685-7686.
何枫，祝丽云，马栋栋，等，2015. 中国钢铁企业绿色技术效率研究［J］. 中国工业经济（7）：84-98.
贺灿飞，潘峰华，2007. 产业地理集中、产业集聚与产业集群：测量与辨识［J］. 地理科学进展，26（2）：1-13.
贺灿飞，梁进社，张华，2005. 区域制造业集群辨识：以北京制造业为例［J］. 地理科学，20（5）：11-18.
胡冰川，2015. 中国农产品市场分析与政策评价［J］. 中国农村经济（4）：4-13.
胡军华，郜思，2012. 研发投入不足致使多数农业企业核心竞争力缺位［J］. 经济研究考（24）：34-34.
胡铭，2009. 农业企业社会责任与经营绩效的实证研究：基于湖北仙洪新农村试验区的数据［J］. 农业经济问题（9）：56-63.
黄洁莉，汤佩，蒋占华，2014. 税收优惠政策下农业企业研发投入、风险与收益：基于我国农业上市公司的实证检验［J］. 农业技术经济（2）：120-128.
黄连贵，张照新，2008. 我国农业产业化发展现状、成效及未来发展思路［J］. 经济研究参考（31）：23-33.
黄敏，廖为明，池泽新，2010. 基于FBP模型的农业产业化龙头企业综合绩效评价研究：以江西省宜春市21家农业产业化龙头企业为例［J］. 江西农业大学学报（社会科学版），9（4）：1-6.
黄祖辉，朋文欢，2016. 农民合作社的生产技术效率评析及其相关讨论：来自安徽砀山县5镇（乡）果农的证据［J］. 农业技术经济（8）：4-14.
吉生保，席艳玲，赵祥，2012. 中国农业上市公司绩效评价：基于SORM—BCC超效率模型和Malmquist的DEA—Tobit分析［J］. 农业技术经济（3）：114-127.
贾伟，秦富，2015. 研发投入对农业企业出口的影响分析［J］. 国际经贸探索（10）：

28－38.
贾伟，秦富，2013. 杠杆效应对农业企业成长的影响［J］. 华南农业大学学报（社会科学版）（3）：1－7.
贾伟，秦富，2013. 农业企业绩效影响因素实证分析［J］. 西北农林科技大学学报（社会科学版）（5）：92－97.
贾伟，秦富，2013. 农业龙头企业绩效影响因素的实证分析：基于董事长和总经理合职与分离的角度［J］. 中国农业大学学报，18（5）：181－188.
贾兴梅，李平，2014. 农业集聚度变动特征及其与农业经济增长的关系：我国12类农作物空间布局变化的实证检验［J］. 中国农业大学学报，19（1）：209－217.
姜岩，周宏，2005. 农业产业化龙头企业生产率及效率分析：以南京市为例［J］. 农业技术经济（1）：45－48.
姜长云，2013. 农业产业化组织创新的路径与逻辑［J］. 改革（8）：37－48.
靳相木，胡继连，2000. 有中国特色的农业产业化理论［J］. 调研世界（5）：7－10.
孔祥智，张琛，周振，2016. 设施蔬菜生产技术效率变化特征及其收敛性分析：以设施番茄为例［J］. 农村经济（7）：9－15.
李炳坤，2006. 发展现代农业与龙头企业的历史责任［J］. 农业经济问题（9）：4－8.
李春海，张文，彭牧青，2011. 农业产业集群的研究现状及其导向：组织创新视角［J］. 中国农村经济（3）：49－58.
李道和，池泽新，2011. 政策支持与农业产业化龙头企业绩效关系研究：以江西省为例［J］. 农业技术经济（12）：4－10.
李二玲，庞安超，朱纪广，2012. 中国农业地理集聚格局演化及其机制［J］. 地理研究，31（5）：885－898.
李海燕，廖运凤，2012. 财税政策扶持农业产业化龙头企业效率研究［J］. 林业经济（9）：85－90.
李胜文，李大胜，邱俊杰，等，2013. 中西部效率低于东部吗？：基于技术集差异和共同前沿生产函数的分析［J］. 经济学（季刊）（3）：777－798.
李元旭，姚明辉，2013. 产业集聚度与企业成长的倒U形关系研究：基于广东省制造业上市公司面板数据的实证分析［J］. 复旦学报（社会科学版）（6）：131－143.
林万龙，张莉琴，2004. 农业产业化龙头企业政府财税补贴政策效率：基于农业上市公司的案例研究［J］. 中国农村经济（10）：33－40.
刘海存，2009. 农业产业化龙头企业技术创新研究［D］. 长春：吉林大学.
刘克春，张明林，包丽，2011. 多元化非农经营战略对农业产业化龙头企业：江西省农业产业化龙头企业的经验数据［J］. 中国农村经济（12）：25－34.
刘天军，2003. 农业产业化龙头企业与农户利益关系研究［D］. 杨凌：西北农林科技大学.
刘云芬，陈砺，王东红，2014. 农业上市公司绩效与多元化研究［J］. 开发研究（2）：55－59.
柳洲，2015. “互联网＋”与产业集群互联网化升级研究［J］. 科学学与科学技术管理（8）：73－82.

鲁德银，2007. 企业家行为、企业迁移、产业集群与农村城镇化政策［J］. 财经研究（11）：82－91.

陆立军，郑小碧，2011. 基于共同演化的专业市场与产业集群互动机理研究：理论与实证［J］. 中国软科学（6）：117－129.

陆铭，冯皓，2014. 集聚与减排：城市规模差距影响工业污染强度的经验研究［J］. 世界经济（7）：86－114.

陆萍，陈晓慧，2015. 农业产业集群概念辨析、演化特点与发展对策［J］. 农业现代化研究（4）：575－579.

路江涌，陶志刚，2006. 中国制造业区域聚集及国际比较［J］. 经济研究（3）：103－114.

罗党论，刘晓龙，2009. 政治关系、进入壁垒与企业绩效：来自中国民营上市公司的经验证据［J］. 管理世界（5）：95－106.

吕超，周应恒，2011. 我国农业产业集聚与农业经济增长的实证研究：基于蔬菜产业的检验和分析［J］. 南京农业大学学报（社会科学版），11（2）：72－78.

吕东辉，许頔，于延良，等，2015. 跨国粮食企业培育：中粮与 ADM、邦吉经营模式的比较研究［J］. 农业技术经济（4）：12－18.

马述忠，段钒，2011. 基于粮食安全背景的中国粮食企业走出去关键性影响因素研究［J］. 浙江社会科学（5）：33－41.

马述忠，袁盈盈，潘伟康，2015. 中国开放型农业加工企业技术效率分析：基于产业关联视角［J］. 中国农村经济（9）：30－42.

毛军，2006. 产业集聚与人力资本积累：以珠三角、长三角为例［J］. 北京师范大学学报（社会科学版）（6）：103－110.

孟令杰，丁竹，2005. 基于 DEA 的农业上市公司效率分析［J］. 南京农业大学学报（社会科学版）（2）：39－43.

聂辉华，2012. 最优农业契约于中国农业产业化模式［J］. 经济学季刊（12）：313－330.

牛若峰，2006. 农业产业化经营发展的观察和评论［J］. 农业经济问题（3）：8－15.

农业部产业化办公室，中国农业科学院农业经济与发展研究所，2015. 农业产业化探索与实践［M］. 北京：中国农业出版社.

黄祖辉，王建英，陈志钢，2014. 非农就业、土地流转与土地细碎化对稻农技术效率的影响［J］. 中国农村经济（11）：4－16.

彭国华，2005. 中国地区收入差距、全要素生产率及其收敛分析［J］. 经济研究（9）：19－29.

彭熠，和丕禅，邵桂荣，2005. 农业产业化龙头企业建设：一个发展极理论视野中的观点［J］. 浙江大学学报（人文社会科学版）（6）：97－104.

彭熠，胡剑锋，2009. 财税补贴优惠政策与农业上市公司经营绩效：实施方式分析与政策启示［J］. 四川大学学报（哲学社会科学版）（3）：86－94.

彭熠，黄祖辉，邵桂荣，2007. 非农化经营与农业上市公司经营绩效：理论分析与实证检验［J］. 财经研究（10）：117－130.

彭熠，姚耀军，邵桂荣，2008. 我国农业上市公司非农化经营成因分析［J］. 中南财经政法大学学报（2）：116－122.
钱颖一，1999. 激励与约束［J］. 经济社会体制比较（5）：7－12.
秦富，2013. 培育壮大农业产业化龙头企业［J］. 中国国情国力（3）：13－15.
秦建军，武拉平，闫逢柱，2010. 产业地理集聚对产业成长的影响：基于中国农产品加工业的实证分析［J］. 农业技术经济（1）：104－111.
仇保兴，1999. 小企业集群研究［M］. 上海：复旦大学出版社.
阮建青，石琦，张晓波，2014. 产业集群动态演化规律与地方政府政策［J］. 管理世界（12）：79－91.
阮建青，张晓波，卫龙宝，2010. 危机与制造业产业集群的质量升级：基于浙江产业集群的研究［J］. 管理世界（2）：69－79.
芮世春，2006. 农业上市公司股权结构与经营绩效关系的实证研究［J］. 中国农村经济（10）：57－66.
邵念荣，欧晓明，2009. 产业集群文献综述［J］. 中国青年政治学院学报（1）：97－101.
沈正平，刘海军，蒋涛，2004. 产业集群与区域经济发展探究［J］. 中国软科学（2）：120－124.
史君卿，吴敬学，窦以文，2008. 技术效率分析中的主要方法及其比较研究［J］. 农业经济问题（1）：51－58.
宋燕平，王艳荣，2009. 面向农业产业集聚的技术进步效益研究［J］. 科学学研究（6）：1005－1010.
宋玉兰，陈彤，2005. 农业产业集群的形成机制探析［J］. 新疆农业科学（1）：205－208.
孙炜琳，刘佩，高春雨，2014. 我国淡水养殖渔业技术效率研究：基于随机前沿生产函数［J］. 农业技术经济（8）：108－117.
汤二子，孙振，2012. 异质性生产率、产品质量与中国出口企业的“生产率悖论”［J］. 世界经济研究（11）：10－15.
唐德祥，李京文，孟卫东，2008. R&D对技术效率影响的区域差异及其路径依赖：基于我国东、中、西部地区面板数据随机前沿方法（SFA）的经验分析［J］. 科研管理（2）：115－121.
陶志刚，路江涌，2007. 我国制造业区域集聚程度决定因素的研究［J］. 经济学（季刊）（4）：801－816.
田露，2007. 吉林省畜牧业增长与生产率研究［D］. 长春：吉林农业大学.
万伦来，马娇娇，朱湖根，2010. 中国农业产业化经营组织模式与龙头企业技术效率：来自安徽农业综合开发产业化经营龙头企业的经验证据［J］. 中国农村经济（10）：27－35.
王栋，2009. 我国农业产业集聚区形成机理研究［M］. 北京：中国传媒出版社.
王宏，2013. 福建农业产业化中农户与龙头企业利益联结机制研究［D］. 福州：福建师范大学.
王缉慈，王敬甯，2007. 中国产业集群研究中的概念性问题［J］. 世界地理研究，16（4）：89－97.
王明利，王济民，申秋红，2007. 畜牧业增长方式转变：现状评价与实现对策［J］. 农业经济问题（8）：49－54.

王茜，秦富，2009. 农业产业化龙头企业的生产效率分析：基于 DEA 模型［J］. 技术经济（3）：53－57.

王茜，2008. 农业产业化龙头上市企业经营效率的实证研究［J］. 经济与管理，22（10）：48－51.

王艳荣，刘业政，2012. 农业产业集聚对产业增长贡献率的测度与分析［J］. 中国农业科学（15）：3197－3202.

王艳荣，刘业政，2011. 农业产业集聚对农民收入影响效应研究［J］. 农业技术经济（9）：50－57.

王艳荣，刘业政，2011. 农业产业集聚形成机制的结构验证［J］. 中国农村经济（10）：77－85.

王燕，谢蕊蕊，2012. 区域工业效率和技术差异研究：基于共同前沿方法的考察［J］. 产业经济研究（2）：18－25.

王业强，魏后凯，2007. 产业特征空间竞争与业地理集中［J］. 管理世界（4）：68－77.

王永进，盛丹，2013. 地理集聚会促进企业间商业信用吗？［J］. 管理世界（1）：101－114，188.

王玉斌，陈慧萍，黄静，等，2012. 农业产业化示范区建设的理论探索与实践［J］. 农业经济问题（7）：26－32.

王玉斌，陈慧萍，黄静，等，2010. 金融危机对农业龙头企业的影响及后期应对：基于全国 1000 余家省级以上龙头企业的调查［J］. 农业经济问题（10）：77－83.

卫龙宝，李静，2014. 农业产业集群内社会资本和人力资本对农民收入的影响：基于安徽省茶叶产业集群的微观数据［J］. 农业经济问题（12）：41－47.

魏江，徐蕾，2014. 知识网络双重嵌入、知识整合与集群企业创新能力［J］. 管理科学学报（2）：34－47.

魏权领，2004. 数据包络分析［M］. 北京：科学出版社.

魏守华，石碧华，2002. 论企业集群的竞争优势［J］. 中国工业经济（1）：59－65.

吴淑琨，柏杰，席酉民，1998. 董事长与总经理两职的分离与合一：中国上市公司实证分析［J］. 经济研究（8）：21－28.

吴文清，刘超，2011. 中国国有粮食企业购销波动研究：基于小波分析和格兰杰因果检验的方法［J］. 经济理论与经济管理（10）：31－38.

伍业兵，2015. 关于农业产业化重点龙头企业的调查与思考：以湖北宜昌市为例［J］. 安徽农业科学（1）：337－338.

谢品，李良智，赵立昌，2013. 江西省制造业产业集聚、地区专业化与经济增长实证研究［J］. 经济地理（6）：103－108.

谢雄军，何红渠，2014. 基于空间面板计量的产业集聚与省域经济增长关系研究［J］. 财经理论与实践（2）：116－121.

徐朝旭，2000. 创汇型龙头企业的培育：厦门如意公司农业产业化经营案例分析［J］. 农业经济问题，21（4）：33－35.

徐丽华，王慧，2014. 区域农业产业集群特征与形成机制研究：以山东省寿光市蔬菜产业集群为例 [J]. 农业经济问题 (11)：26-32.
徐莉萍，辛宇，陈工孟，2006. 股权集中度和股权制衡及其对公司经营绩效的影响 [J]. 经济研究 (1)：90-100.
徐攀，潘煜双，2016. 中小企业集群与民间资本对接提升了融资效率吗?：基于长三角数据的检验 [J]. 财经论丛 (1)：57-64.
徐晓丹，支大林，2011. 吉林省农副食品加工产业集聚与经济增长关系研究 [J]. 税务与经济 (6)：106-110.
徐雪高，张照新，2013. 农业产业化龙头企业社会责任：概念界定、履行动因与政策建议 [J]. 经济体制改革 (6)：63-67.
徐雪高，张照新，2014. 农业产业化龙头企业社会责任信息披露指标体系设计 [J]. 华中农业大学学报（社会科学版）(5)：17-23.
徐勇，任一萍，2007. 应用因子分析对农业上市公司进行效绩评价 [J]. 统计教育 (3)：12-14.
闫玉科，2006. 农业产业化龙头企业与农户利益联结机制调查与分析：以广东省为例 [J]. 农业经济问题 (9)：32-36.
严高剑，马添翼，2005. 关于 DEA 方法 [J]. 科学管理研究，23 (2)：54-56.
杨峥萍，2004. 全球价值链分工与发展中国家地方产业集群升级研究 [D]. 杭州：浙江大学.
姚洋，章奇，2001. 中国工业企业技术效率分析 [J]. 经济研究 (10)：13-19.
姚益龙，红玉，宁吉安，2011. 媒体监督影响企业绩效机制研究：来自中国快速消费品行业的经验证据 [J]. 中国工业经济 (9)：151-160.
尹成杰，2001. 农业产业化经营与农业结构调整 [J]. 中国农村经济 (5)：4-8.
尹成杰，2006. 新阶段农业产业集群发展及其思考 [J]. 农业经济问题 (3)：5-8，80.
袁海红，张华，曾洪勇，2014. 产业集聚的测度及其动态变化：基于北京企业微观数据的研究 [J]. 中国工业经济 (9)：38-50.
袁志刚，范剑勇，2003. 1978 年以来中国的工业化进程及其地区差异分析 [J]. 管理世界 (7)：59-66.
张蓓，黄志平，杨炳成，2014. 农产品供应链核心企业质量安全控制意愿实证分析：基于广东省家农产品生产企业的调查数据 [J]. 中国农村经济 (1)：62-75.
张晗，吕杰，2011. 农业产业集群影响因素研究 [J]. 农业技术经济 (2)：85-91.
张卉，詹宇波，周凯，2007. 集聚、多样性和地区经济增长：来自中国制造业的实证研究 [J]. 世界经济文汇 (3)：16-29.
张丽，韦光，左停，2005. 农业产业集群的形成与政府的发展干预：京郊平谷区大桃产业集群的个案分析 [J]. 中国农业大学学报（社会科学版）(4)：12-16.
张敏，卢向虎，秦富，2011. 借鉴发达国家经验，推进农业产业化跨越式发展 [J]. 农业经济问题 (4)：4-8.
张敏，秦富，贾伟，等，2014. 农业产业化发展：理论与实践 [M]. 中国农业出版社

（6）.

张宇，王丽明，王玉斌，2013. 基于DEA模型的国家重点龙头企业生产效率分析［J］. 中国农学通报（2）：52－58.

张云飞，2014. 城市群内产业集聚与经济增长关系的实证研究：基于面板数据的分析［J］. 经济地理（1）：108－113.

张照新，2014. 推动龙头企业与农民合作社、家庭农场融合发展加快新型农业经营体系构建［J］. 中国农民合作社（3）：36－37.

赵青，2014. 典型牧区牧户的技术效率及其影响因素分析［D］. 北京：中国人民大学.

赵世勇，陈其广，2007. 产权改革模式与企业技术效率：基于中国制造业改制企业数据的实证研究［J］. 经济研究（11）：71－81.

赵曙明，高素英，耿春杰，2011. 战略国际人力资源管理与企业绩效关系研究：基于在华跨国企业的经营证据［J］. 南开管理评论，14（1）：28－35.

赵祥，2009. 产业集聚效应与企业成长：基于广东省城市面板数据的实证研究［J］. 南方经济（8）：26－38.

赵祥，2009. 产业集聚效应与企业成长我国农业上市公司非农化经营成因分析—基于广东省城市面板数据的实证研究［J］. 南方经济（8）：26－38.

郑风田，程郁，2005. 从农业产业化到农业产业区：竞争型农业产业化发展的可行性分析［J］. 管理世界（7）：64－73.

郑红军，梁俊芬，2011. 农业龙头企业产品质量控制意愿及影响因素分析—基于56家农业产业化国家重点龙头企业的实证分析［J］. 广东农业科学（15）：9－12.

周宏，范英，2009. 基于改进DEA模型的江苏省种植业效率分析［J］. 农业技术经济（5）：67－72.

周立群，曹利群，2002. 商品契约优于要素契约：以农业产业化经营中的契约选择为例［J］. 经济研究（1）：14－19.

周新德，2009. 基于生命周期阶段的农业产业集群形成和演化机理分析［J］. 经济地理（7）：1134－1138

Aigner D J，Lovell C A A，et al.，1977. Formulation and Estimation of Stochastic Frontier Production Function Models ［J］. Journal of Econometrics，6（1）：21－37.

Alvarez A，Arias C. 2015. Technical Efficiency and Farm Size：a Conditional Analysis ［J］. Agricultural Economics，30（3）：241－250.

Audretsch D B，Dohse D，2007. Location：A Neglected Determinant of Firm Growth ［J］. Review of World Economics，143（1）：79－107.

Baker W E，1990. Market Networks and Corporate Behavior ［J］. American Journal of Sociology，96：589－601.

Banker R D，Charnes A，Cooper W W，1984. Some Models for Estimating Technical and Scale Inefficiencies in Data Envelopment Analysis ［J］. Management Science，30（9）：1078－1092.

Battese G E，Coelli T J，1992. Frontier Production Functions，Technical Efficiency and Panel Data: With Application to Paddy Farmers in India [J]. International Applications of Productivity and Efficiency Analysis. Springer Netherlands, 3 (1/2): 153 - 169.

Battese G E, Rao D S P, O'Donnell C, 2004. A Metafrontier Production Function for Estimation of Technical Efficiencies and Technology Gaps for Firms Operating Under Different Technologies [J]. Journal of Productivity Analysis, 21 (1): 91 - 103.

Battese G E, 1991. Frontier Production Functions and Technical Efficiency: A Survey of Empirical Applications in Agricultural Economics [J]. Agricultural Economics, 7 (3 - 4): 185 - 208.

Battese G E, Corra G S, 1977. Estimation of a Production Model: With Application to the Pastoral Zone of Esatern Australia [J]. Australian Journal of Agricultural and Resource Economics, 21 (3): 169 - 179.

Baun J A, Mezias S J, 1992. Localized Competition and Organizational Failure in the Manhattan Hotel Industry, 1898 - 1990 [J]. Administrative Science Quarterly, 37 (4): 580 - 604.

Blaek D, Henderson V, 1999. A Theory of Urban Growth [J]. Journal of Political Economy, (2): 252 - 284.

Carlton D, 1983. The Location and Employment Choices of New Firm an Econometric Model with Discrete and Continuous Endogenous Variables [J]. Review of Economies and statistics, 65 (3) .

Charnes A, Cooper W W, Golany B, et al. , 1985. Foundations of Data Envelopment Analysis for Pareto - Koopmans Efficient Empirical Production Functions [J]. Journal of Econometrics, 30 (1): 91 - 107.

Charnes A, Cooper W W, Schinnar A P, 1976. A Theorem on Homogeneous Functions and Extended Cobb - Douglas Forms [J]. Proceedings of the National Academy of Sciences, 73 (10): 3747 - 3748.

Ciceone A, Hall R E, 1996. Productivity and the Density of Economic Activity [J]. American Economic Review, (86): 54 - 70.

Ciecone A, 2002. Agglomeration Effects in Europe [J]. Europe Economic Review, (46): 213 - 227.

Coelli T, Rahman S, Thirtle C, 2003. A Stochastic Frontier Approach to Total Factor Productivity Measurement in Bangladesh Crop Agriculture, 1961 - 1992 [J]. Journal of International Development, 15 (3): 321 - 333.

Debreu G, 1951. The Coefficient of Resource Utilization [J]. Econometrica, 19 (3): 273 -292.

Diez - Vial, 2011. Geographical Cluster and Performance: The Case of Iberian Ham [J]. Food Policy, 36 (4): 517 - 525.

Duranton G, Puga D, 1999. Diversity and Specialisation in Cities: Why, Where and When Does It Matter? [J]. Urban Studies, 37 (3): 533 - 555.

Duranton G, 2003. Micro - Foundations of Urban Agglomeration Economies [J]. Social Science Electronic Publishing, 4 (4): 2063 - 2117.

Ellison G, Glaeser E L, 1997. Geographic Concentration in U. S. Manufacturing Industries: A Dartboard Approach [J]. Journal of Political Economy, 105 (5): 889 - 927.

Farrell M. J, 1957. The Measurement of Productive Efficiency [J]. Journal of the Royal Statistical Society, 120 (3): 253 - 290.

Fujita M, Thisse J F, 2002. Economies of Agglomeration: Cities, Industrial Location and Regional Growth [M]. Cambridge: Cambridge University Press.

Fujita M, Thisse J F, 2006. Thisse. Globalization and the Evolution of the Supply Chain: Who Gains and Who Loses ? [J]. International Economic Review, 47 (3): 811 - 836.

Grossman G M, Helpman E, 1989. Trade, Innovation, and Growth [J]. American Economic Review, 80 (2): 86 - 91.

Hall J, 1999. Cultures of inquiry [M]. Cambridge: Cambridge University Press.

Harrison B, 1992. Industrial Districts: Old Wine in New Bottles [J]. Regional Studies, 26 (5): 107 - 121.

Henderson V, 2003. The Urbanization Process and Economic Growth: The So - What Question [J]. Journal of Economic Growth, (8): 47 - 71.

Henry M, Drabenstott M, 1996. A New Micro View of the U. S. Rural Economy [J]. Economic Review, 81 (2): 53 - 70.

Hirsehman A, 1958. the Strategy of Development [M]. New Haven: Yale University press.

Hong A, Lee D, et al, 2011. Metafrontier Production Function Analysis of Horizontal and Vertical Integration in Korea's Cable TV Industry [J]. Journal of Media Economics, 24 (4): 221 - 236.

Hoover E. M, 1937. Location Theory and the Shoe and Leather Industries [M]. Cambridge: Harvard Univ. Press.

Koopmans T C, 1951. Analysis of Production as an Efficient Combination of Activities [J]. cowles commission for research in economics. Monograph No. 13, Wiley, New York, 158 (1): 33 - 97.

Krugman P, 1991. Increasing Returns and Economic Geography [J]. Journal of Political Economy, (99): 483 - 499.

Krugman P, 1995. Innovation and Agglomeration: Two Parabels Suggested by City - size Distribution [J]. Japan and World Economy, 7 (4): 371 - 390.

Kumbhakar S C, Lovell C A K, 2000. Stochastic Frontier Analysis [M]. Cambridge: Cambridge University Press.

Long C, Zhang X, 2012. Patterns of China's industrialization: Concentration, specialization, and clustering [J]. China Economic Review, 23 (3): 593 - 612.

McCann B T, Folta T B, 2011. Performance Differentials within Geographic Clusters [J]. Journal of Business Venturing, 26 (1): 104 - 123.

Meeusen W, Broeck J V D, 1977. Efficiency Estimation from Cobb - Douglas Production Functions with Composed Error [J]. International Economic Review, 18 (2): 435 - 444.

Myrda L G, 1957. Economic Theory and Underdeveloped Regions [M]. London: Duck worth.

Perroux F, 1950. Economic Space: Theory and Applications [J]. Quarterly Journal of Economics, 64 (1): 89 - 104.

Porter M E, 1990. Competitive Advantage of Nations [M]. The competitive advantage of nations. New York: Free Press.

Porter M E, 1998. Clusters and New Economics of Competition [J]. Harvard Business Review, 76 (6): 77 - 90.

Porter M E, 2001. Competitive Strategy [M]. New York: Free Press.

Pouder R, John C S, 1996. Hot Spots and Blind Spots: Geographical Clusters of Firms and Innovation [J]. Academy of Management Review, 21 (4): 1192 - 1225.

Rosenfled S A, 1997. Bringing Business Cluster into the Mainstream of Economic Development [J]. European Planning Studies, 5 (1): 3 - 23.

Rosenthal S S, Strange W C, 2006. Geography, Industrial Organization, and Agglomeration [J]. Review of Economics & Statistics, 85 (2): 377 - 393.

Schmidt P, 2011. One - step and Two - Step Estimation in SFA Models [J]. Journal of Productivity Analysis, 36 (2): 201 - 203.

Schmidt P, Lovell P, 1977. Formulation and Estimation of Stochastic Frontier Production Function Models [J]. Journal of Econometrics, 6. 1: 21 - 37.

Shephard R W, 1970. Theory of Cost and Production Functions [M]. Princeton: Princeton University Press.

Tobin J, 1958. Estimation of Relationships for Limited Dependent Variables [J]. Econometrica, (1): 24 - 36.

Wouterse F, 2010. Migration and Technical Efficiency in Cereal Production: Evidence From Burkina Faso. [J]. Agricultural Economics, 41 (5): 385 - 395.

Xin X, Zhang Y, Wang J, et al, 2016. Effects of Farm Size on Technical Efficiency in China's Broiler Sector: A Stochastic Meta - Frontier Approach [J]. Canadian Journal of Agricultural Economics, 64 (3): 493 - 516.

Zepponi D, Fisch D, 2007. Industry - driven leadership is Vital for Rural Communities [J]. Economic Development America, (12): 20 - 23.

共同前沿生产函数

1. 随机前沿生产函数与共同前沿生产函数的差异

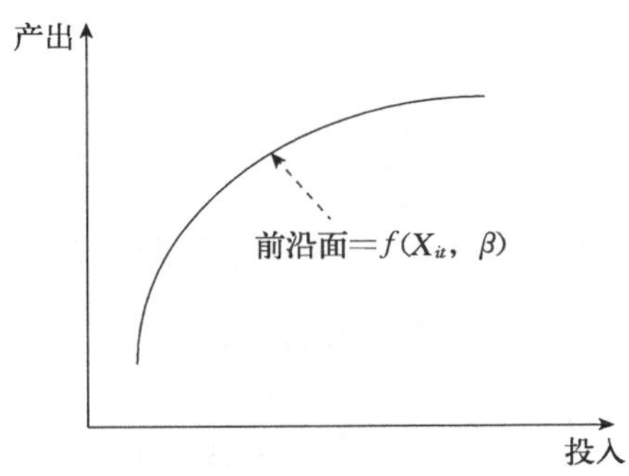

附图 1　技术效率前沿面示意图

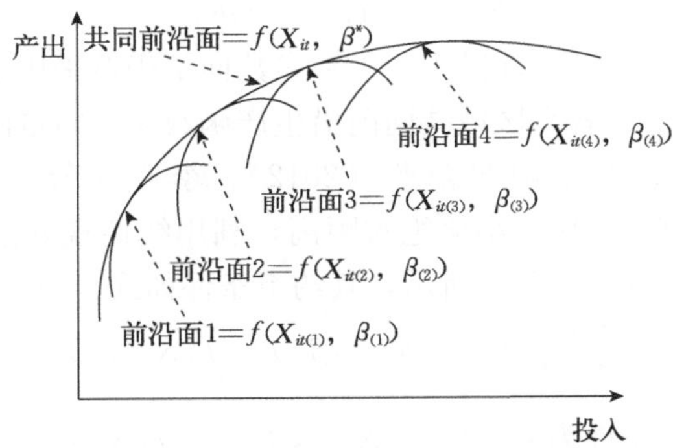

附图 2　共同前沿函数前沿面示意图

附图 1 和附图 2 展示了随机前沿生产函数和共同前沿生产函数的区别，在附图 1 中仅存在一个生产前沿面，而在附图 2 中，存在多个前沿面。

2. 共同前沿生产函数

$$Y_{it(j)} = f(X_{it(j)}, \beta_{(j)}) e^{V_{it(j)} - U_{it(j)}} \tag{1}$$

式中，$i=1, 2, \cdots, I$；$t=1, 2, \cdots, T$；$Y_{it(j)}$ 表示 i 单位 t 年产出，$X_{it(j)}$ 表示与 $Y_{it(j)}$ 相对应的 i 单位 t 年的投入向量，$\beta_{it(j)}$ 为随机前沿生产函数的

待估计系数向量，v_{it} 为随机扰动项，且服从正态分布，均值为 0，方差为 σ_v^2，且独立于 u_{it}，u_{it} 为 i 单位 t 年的技术效率损失的非负随机变量，表示生产单位所能够控制的因素对技术效率的影响，u_{it} 服从于均值为 m_{it}，方差为 σ_u^2 的半正态分布。

$$Y_{it(j)}^* = f(X_{it(j)}, \beta^*) \tag{2}$$

式中，$Y_{it(j)}^*$ 表示共同前沿生产函数中的 i 企业 t 年份 j 地区的产出，β^* 表示共同边界生产函数的参数变量。

$$X_{it(j)}\beta^* \geqslant X_{it(j)}\beta_{(j)} \tag{3}$$

$$TE_{it(j)} = \frac{Y_{it(j)}}{f(X_{it(j)}, \beta_{(j)})e^{V_it(j)}} = e^{-U_{it(i)}} \tag{4}$$

$$Y_{it(j)} = e^{-U_{it(j)}} \frac{f(X_{it(j)}, \beta_{(j)})}{f(X_{it(j)}, \beta^*)} f(X_{it(j)}, \beta^*) e^{V_{it(j)}} \tag{5}$$

$TGR_{it(j)} = \dfrac{f(X_{it(j)}, \beta_{(j)})}{f(X_{it(j)}, \beta^*)}$，$TGR_{it(j)}$ 为技术差距比，表示不同地区随机前沿生产函数产出与共同前沿生产函数产出的差异。

$$TE_{it(j)}^* = \frac{Y_{it(j)}}{f\ (X_{it(j)},\ \beta^*)\ e^{V_{it(j)}}} \tag{6}$$

技术效率为实际产出与生产前沿生产函数产出之比，基于共同前沿生产函数衡量的技术效率为

$$TE_{it(j)}^* = TE_{it(j)} TGR_{it(j)} \tag{7}$$

来自于各个区域的随机前沿生产函数参数向量仍然采用上述章节的方法估计，并进行检验，而对各个区域共同前沿生产函数参数向量的估算，主要借鉴 Battese 等（2004）、王艳和谢蕊蕊（2012）、李胜文等（2013）和 Xin 等（2016）的相关研究，采用极小化绝对距离，利用线性规划法估算共同前沿生产函数的参数向量，如式（8）所示，其约束条件如式（9）所示。

$$\min \sum_{i=1} \sum_{t=1} [\ln(f(X_{it(j)}, \beta^*) - f(X_{it(j)}, \beta_{(j)})] \tag{8}$$

$$\text{约束条件为 s. t.} \ln(f(X_{it(j)}, \beta^*) > f(X_{it(j)}, \beta_{(j)}) \tag{9}$$

也有采用极小化绝对距离平方和的方法，采用二次规划进行求解，如式（10）所示，其约束条件如式（11）所示。

$$\min \sum_{i=1} \sum_{t=1} [\ln(f(X_{it(fj)}, \beta^*) - f(X_{it(j)}), \beta_{(j)})]^2 \tag{10}$$

$$\text{约束条件为 s. t.} \ln(f(X_{it(j)}, \beta^*) > f(X_{it(j)}, \beta_{(j)}) \tag{11}$$

3. 求解 $TE_{it(j)}^*$ 和 β^*

附录中主要通过共同边界生产函数就产业集群对粮食类和畜牧类农业龙头

企业技术效率的影响进行分析；当然该研究也存在局限性，即共同前沿生产函数的参数是在获取各地区随机前沿生产函数的基础上，逐步采用线性或者二次规划的方法求解得到，可能的缺陷在于参数显著性水平不能得到检验。

首先，选取函数类型，利用最大似然比值检验哪个函数形式更适合，采用超越对数生产函数比其他类型的生产函数更能够反映农业龙头企业的投入产出关系，东部、中部和西部地区粮食类龙头企业随机前沿生产函数模型结果，参见附表1和附表2。其次，求解 β^* ，有两种方法获得，一是参照式（8），在满足式（9）的条件下，利用线性规划，求得 β^* ；二是者参照式（10），在满足式（11）的条件下，利用二次规划求解 β^* ，参见附表3和附表4。第三，构建因素回归模型，着重分析产业集群对农业龙头企业技术效率的影响。

$$TE_{it}^* = C_0 + \sum_i \beta_{it} X_{it} + \varepsilon_{it} \qquad (12)$$

TE_{it}^* 表示共同前沿生产函数的技术效率，其他变量符号和含义与第七章正文中式（7－1）相同。产业集群对粮食类和畜牧类龙头企业技术效率的影响结果，参见附表5和附表6。

附表1　分地区粮食类龙头企业随机前沿生产函数模型结果

解释变量	东部		中部		西部	
	系数	T 值	系数	T 值	系数	T 值
常数项	6.917 0***	14.653 4	15.175 5***	9.360 3	−0.757 6***	−0.471 1
$\ln X_{1mt}$	0.821 2***	6.084 0	−1.148 6***	−3.263 3	2.388 2	5.062 7
$\ln X_{2mt}$	−0.699 5***	−4.331 5	−0.015 0	−0.046 5	−1.102 0	−2.843 4
$\ln X_{1mt}^2$	−0.041 1***	−7.391 2	0.076 9***	3.225 0	−0.108 7	−2.410 4
$\ln X_{2mt}^2$	−0.012 1	−0.734 7	0.011 6	0.806 9	0.057 3	1.429 0
$\ln X_{1mt} \ln_{2mt}$	0.083 8***	5.839 6	−0.011 4	−0.331 0	0.056 2	0.677 3
$t\ln X_{1mt}$	−0.015 9	−0.622 7	−0.019 1	−0.847 4	−0.014 6	−0.573 5
$t\ln X_{2mt}$	0.019 8	0.536 2	0.025 9	0.775 0	0.021 1	0.543 1
t	0.043 4	0.475 8	0.069 7	1.140 8	0.050 3	0.901 4
t^2	−0.002 8	−0.128 2	−0.008 8	−0.570 1	0.001 3	0.098 9
δ^2	0.263 2***	333.051 4	0.346 8***	16.459 2	0.406 1	7.130 9
γ	0.000 0***	3.651 4	0.090 3***	6.483 6	1.000 0	3 619 193.300 0

注：*、**、***分别表示10%、5%、1%显著性水平。

附表 2　分地区畜牧类龙头企业随机前沿生产函数模型结果

解释变量	东部		中部		西部	
	系数	T 值	系数	T 值	系数	T 值
常数项	5.256 3***	5.121 5	8.286 6***	3.301 8	4.654 0***	4.672 2
$\ln X_{1mt}$	1.195 0***	4.756 9	−0.084 0	−0.107 1	0.114 9	0.191 9
$\ln X_{2mt}$	−0.995 5***	−3.891 6	0.363 6	0.686 7	0.467 7	0.577 7
$\ln X_{1mt}^2$	0.003 8	0.254 1	0.055 7	1.099 8	0.111 0*	2.114 6
$\ln X_{2mt}^2$	0.109 0***	5.346 1	0.035 6	1.084 4	0.187 4***	5.247 8
$\ln X_{1mt}\ln X_{2mt}$	−0.069 9***	−2.618 2	−0.069 9	−1.040 7	−0.267 8***	−3.364 4
$t\ln X_{1mt}$	−0.045 5*	−1.883 2	0.039 0	1.216 0	−0.012 9	−0.427 8
$t\ln X_{2mt}$	0.057 7*	1.770 2	−0.049 6	−1.122 1	0.016 1	0.361 6
t	0.056 8	0.954 6	0.048 2	0.769 0	−0.031 6	−0.204 6
t^2	−0.012 7	−0.849 1	−0.006 7	−0.425 8	0.002 3	0.060 1
δ^2	2.858 1***	7.960 3	0.223 0***	13.104 3	0.716 0	1.394 5
γ	0.938 9***	84.836 0	1.000 0	29.223	0.635 4*	1.868 0

注：*、**、***分别表示10%、5%、1%显著性水平。

附表 3　粮食类龙头企业随机前沿生产函数与共同前沿生产函数模型结果比较

解释变量	系数	标准差	T 值	LP	QP
常数项	3.264 2***	0.982 1	3.323 6	6.462 5	5.556 0
$\ln X_{1mt}$	1.011 3***	0.134 3	7.530 1	1.085 6	1.208 0
$\ln X_{2mt}$	−0.351 0***	0.135 4	−2.592 8	−1.004 0	−0.945 9
$\ln X_{1mt}^2$	−0.024 8***	0.006 4	−3.854 5	−0.018 6	−0.029 6
$\ln X_{2mt}^2$	0.015 9	0.011 8	1.346 8	0.109 9	0.093 5
$\ln X_{1mt}\ln X_{2mt}$	0.018 0	0.019 1	0.940 4	−0.032 7	−0.015 5
$t\ln X_{1mt}$	−0.023 2	0.016 0	−1.446 4	−0.019 5	−0.017 3
$t\ln X_{2mt}$	0.032 5	0.023 4	1.391 3	0.026 7	0.022 4
t	0.018 8	0.046 7	0.402 5	0.018 8	0.025 9
t^2	−0.000 3	0.011 8	−0.021 9	0.006 8	0.004 5
δ^2	0.349 0***	0.014 5	24.053 5		
γ	0.000 0***	0.000 0	8.747 7		

注：*、**、***分别表示10%、5%、1%显著性水平。

附表 4　畜牧类龙头企业随机前沿生产函数与共同前沿生产函数模型结果比较

解释变量	系数	标准差	T 值	LP	QP
常数项	0.729 3	0.802 8	0.908 5	8.286 6	8.286 6
$\ln X_{1mt}$	0.975 2***	0.203 1	4.802 7	−0.084 0	−0.084 0
$\ln X_{2mt}$	0.204 6	0.150 5	1.359 8	0.363 6	0.363 6
$\ln X_{1mt}^2$	0.016 3	0.012 8	1.277 8	0.055 7	0.055 7
$\ln X_{2mt}^2$	0.064 1***	0.012 6	5.076 2	0.035 6	0.035 6
$\ln X_{1mt}\ln X_{2mt}$	−0.084 9***	0.019 4	−4.386 8	−0.069 9	−0.069 9
$t\ln X_{1mt}$	−0.009 8	0.015 4	−0.637 2	0.039 0	0.039 0
$t\ln X_{2mt}$	0.012 5	0.021 3	0.587 1	−0.049 6	−0.049 6
t	0.005 3	0.043 1	0.122 9	0.048 2	0.048 2
t^2	−0.006 1	0.010 9	−0.560 2	−0.006 7	−0.006 7
δ^2	4.159 7***	0.524 9	7.925 2		
γ	0.939 8***	0.008 3	113.554 4		

注：*、**、***分别表示10%、5%、1%显著性水平。

附表 5　产业集群对粮食类龙头企业技术效率的影响

变量	LP		QP	
	系数	T 值	系数	T 值
企业职工	0.072 7***	15.330 0	0.072 8***	15.390 0
上市公司	−0.100 5***	−6.330 0	−0.100 1***	−6.320 0
是否合职	−0.062 8***	−6.410 0	−0.062 6***	−6.400 0
产业集群	0.085 8***	5.770 0	0.085 4***	5.750 0
广告促销	−0.002 5	−1.090 0	−0.002 5	−1.070 0
城镇化水平	−0.000 3	−0.720 0	−0.000 3	−0.720 0
带动农户	0.082 7***	23.790 0	0.082 6***	23.790 0
研发投入	0.000 9	0.400 0	0.000 9	0.400 0
企业性质	0.090 7***	6.960 0	0.090 8***	6.980 0
常数项	−0.871 6***	−16.250 0	−0.871 4***	−16.270 0
样本量	1 377		1 377	
R^2	0.529 7		0.529 2	

注：*、**、***分别表示10%、5%、1%显著性水平。

附表 6　产业集群对畜牧类龙头企业技术效率的影响

变量	系数	T 值
企业职工	0.047 6***	8.190 0
上市公司	0.005 4	0.290 0
是否合职	−0.005 1	−0.470 0
产业集群	−0.005 8	−0.470 0
广告促销	−0.003 7	−1.310 0
城镇化水平	0.004 6***	10.130 0
带动农户	0.013 5***	3.240 0
研发投入	0.008 9***	3.030 0
企业性质	−0.107 4***	−6.690 0
常数项	−0.268 4***	−5.720 0
样本量	1 505	
R^2	0.193 8	

注：*、**、*** 分别表示 10%、5%、1%显著性水平；由于 LP 和 QP 的系数相同，仅产生一种回归结果。

POSTSCRIPT 后　记

本书是在博士论文的基础上进一步完善和修改形成的，在选题、写作和完成终稿的过程中，我的导师王玉斌老师始终给予我细心的指导和支持，衷心感谢恩师 6 年来对我的谆谆教诲和悉心关怀。王老师为人随和热情，在科研工作过程中严谨、钻研、坚持不懈的态度对我产生深深的影响。王老师不仅在学业和论文指导等方面给予我很多帮助，而且在生活等其他方面给予我支持，在此向我尊敬的老师表示感谢。

感谢我的博士后合作导师秦富教授对专著完成提出诸多积极意见，在秦教授的鼓励和支持下，此专著得以最终出版。

感谢中国农业大学经济管理学院的各位授课老师，他们是辛贤教授、王秀清教授、田维明教授、李秉龙教授、武拉平教授、郭沛教授、白军飞教授、刘拥军副教授等；感谢在论文开题、中期、预答辩和答辩完成过程中提出宝贵意见的各位老师，他们是冯海发教授、秦富教授、聂凤英研究员、田志宏教授、穆月英教授、乔娟教授、马骥教授、肖海峰教授、陈永福教授、陈祁辉副教授、蔡海龙副教授等；感谢经济管理学院的方芳老师、杨欣老师、王尧老师、陈琰老师，他们积极负责的工作态度，为我们学习和生活提供了诸多便利。

感谢原农业部农业产业化办公室的禤燕庆处长、寇广增副处长、杨俊调研员、康志华副处长、王斯烈主任等，与你们的多次课题合作，使我对农业产业化、产业集群、产业融合等有了深刻的认识和理解，在写作过程中，不仅为我提供了相关的数据支撑，也提出了宝贵的建议。感谢农业农村部农村经济研究中心的张照新研究员，多次与张老师一起参与农业龙头企业调研，张老师教会我如何发现问题及思考问题等，使我受益良多。

感谢可亲又可爱的师弟、师妹：华静、张国鹏、邹杰玲、董政祎、赵培芳、王若璞，在学习、科研及生活中给予的相伴和帮助，和一起讨论问题时的各抒己见，与你们玩耍时的欢声笑语，一起谈心时的相互鼓励，这些朝夕相处的日子将是我永远珍贵的记忆。感谢师门的其他兄弟姐妹，张宇、王伊迪、金龙、邵敬勇、关心、张帆、翟捷、黄蓉、黄静等，和你们一起走进这样的大家庭是我的幸运。

感谢我的朋友王丽红、孟阳、徐荣、张晓敏、董莹、任建超等在生活中的陪伴和帮助，感谢好朋友侯秋玲和师弟孙小龙在论文模型处理过程中给予的帮助。感谢我的室友常倩在学习和生活中给予的支持和帮助。

感谢2013级的博士同学田甜、王燕青、陈传峰、沈政、邓磊、王力恒、陈素梅、高鸣、舒畅、季柯辛等在生活和学习中对我的帮助和鼓励。因为你们，6年的生活和学习变得充实和有趣。

最后，感谢我深爱的家人，你们默默地支持和付出让我拥有自在的生活和坚实的后盾。衷心地感谢所有关心和帮助过我的人！

图书在版编目（CIP）数据

产业集群视角下农业龙头企业技术效率研究/王丽明著．—北京：中国农业出版社，2019.10
ISBN 978-7-109-25018-5

Ⅰ.①产… Ⅱ.①王… Ⅲ.①农业企业-龙头企业-生产效率-研究-中国 Ⅳ.①F324

中国版本图书馆CIP数据核字（2018）第284620号

中国农业出版社出版
地址：北京市朝阳区麦子店街18号楼
邮编：100125
责任编辑：贾　彬　　文字编辑：耿增强
版式设计：王　晨　　责任校对：刘飚雨
印刷：北京印刷一厂
版次：2019年10月第1版
印次：2019年10月北京第1次印刷
发行：新华书店北京发行所
开本：700mm×1000mm　1/16
印张：7.25
字数：200千字
定价：32.00元
